Maria Eunice Rodrigues de Assis

CASA ARRUMADA
apesar do furacão e através dele

Uma história sobre como encarar o câncer para curar a alma

Dados Internacionais de Catalogação na Publicação (CIP)
(Câmara Brasileira do Livro, SP, Brasil)

Assis, Maria Eunice Rodrigues de
  Casa arrumada apesar do furacão e através dele : uma história sobre como encarar o câncer para curar a alma / Maria Eunice Rodrigues de Assis. – 1. ed. – São Paulo : Paulinas, 2013. – (Coleção superação)

  ISBN 978-85-356-3566-9

  1. Câncer - Aspectos psicológicos 2. Câncer - Doentes - Narrativas pessoais 3. Cura 4. Cura pela fé 5. Mama - Câncer - Pacientes I. Título. II. Série.

13-06238   CDD-362.196994

Índice para catálogo sistemático:
1. Mulheres com câncer de mama : Processo de cura : Histórias de fé e superação 362.196994

1ª edição – 2013
1ª reimpressão – 2015

Direção-geral: *Bernadete Boff*
Editora responsável: *Andréia Schweitzer*
Copidesque: *Camila Ferrete*
Coordenação de revisão: *Marina Mendonça*
Revisão: *Ruth Mitzuie Kluska e Ana Cecilia Mari*
Gerente de produção: *Felício Calegaro Neto*
Projeto gráfico: *Manuel Rebelato Miramontes*
Capa: *Telma Custódio sobre projeto de João Guilherme R. da Silva*
Diagramação: *Telma Custódio*

Nenhuma parte desta obra poderá ser reproduzida ou transmitida por qualquer forma e/ou quaisquer meios (eletrônico ou mecânico, incluindo fotocópia e gravação) ou arquivada em qualquer sistema ou banco de dados sem permissão escrita da Editora. Direitos reservados.

Paulinas
Rua Dona Inácia Uchoa, 62
04110-020 – São Paulo – SP (Brasil)
Tel.: (11) 2125-3500
http://www.paulinas.org.br – editora@paulinas.com.br
Telemarketing e SAC: 0800-7010081

© Pia Sociedade Filhas de São Paulo – São Paulo, 2013

In memoriam
Ao meu poeta preferido:
João Batista Rodrigues.

Amparo do marido,
Presença dos filhos,
Suporte dos familiares,
Estímulo dos amigos,
Eficiência dos profissionais.
Corresponsáveis em meu processo de cura.
Razão de intenso agradecimento.
Ab imo corde.

SUMÁRIO

Apresentação 7

Prefácio 9

Introdução 13

1. Um pouco de mim 19

2. A confirmação 25

3. Competência é preciso 35

4. Veneno que cura 41

5. Tem xampu pra careca? 47

6. O inesperado 61

7. Minha fé me conta 67

8. Deforma primeiro, dá forma depois 73

9. À margem, avante! 83

10. Inverno em mim 91

11. "Esperançar" 101

Posfácio 107

APRESENTAÇÃO

Imagine ter sua casa "arrumada" pelas "mãos cuidadosas" de um furacão. Aconteceu comigo.

Envolta em medo, frustração, raiva, me vi diante de um turbilhão que, ainda por cima, sugeria fracasso e incompetência.

O câncer surgido em minha mama esquerda teria sido resultado – inclusive – de minha parca habilidade para lidar com sentimentos e emoções?

A dúvida veio então me visitar. E, junto com ela, uma coragem absurda!

Não obstante o raciocínio perturbado, joguei-me nos braços do bom Deus para que ele tomasse conta de mim e me auxiliasse nessa travessia reinventiva.

Sim! Diante de um furacão, é preciso se reinventar e analisar o que foi feito antes dele, refletindo sobre como agir durante sua ocorrência e – principalmente – como tirar proveito dele para, assim, arrumar a sua "casa" com as próprias mãos.

É uma tarefa árdua, construída com empenho, teimosia e persistência de quem quer a cura completa do corpo e – essencialmente – da alma; de quem, para novamente adentrar com segurança nesta "casa", descobre que a chave é a humildade: para aceitar sua própria natureza terrena (que não contempla só amor e "coisinhas lindinhas", mas também agressividade, covardia, inveja...); para consentir com ajudas das mais variadas ordens e endereços; para admitir a premente necessidade do autoperdão, condição *sine quae non* à autocura. De modo a – de novo – ter gosto de habitar esta "casa", sentindo-se bem-vinda.

Desta verdadeira empreitada nasceu este livro. Aliás, ele também faz parte do meu processo de cura. Redigi-lo foi uma experiência terapêutica. E partilhá-lo com você, caro leitor, também o é.

Por essa razão, quis contar um pouco de mim e de como o "furacão" me foi apresentado. Por isso, desejei demonstrar o cuidado do bom Deus para comigo por intermédio dos meus competentes e aguerridos companheiros.

Além de partilhar a experiência de ter "perdido" um dos habitantes da minha "casa", o meu poeta preferido, e, por experimentar a dureza de portar um câncer, quis salientar a relevância de ter um espírito alegre, leve e, ao mesmo tempo, combativo, sem jamais se desligar do Absoluto.

Sem dúvida, esta é uma história de fé esclarecida e vivida, fonte de um aprendizado vindo da experiência de uma contemplação norteadora e de um pensamento saudável e cheio de esperança.

De coração, desejo que minha experiência seja útil nos rearranjos diante de qualquer "furacão" (seja ele qual for) que possa vir a sacudi-lo.

E que você também consiga tirar proveito do seu.

Beijo, carinho e orações,
Maria Eunice

PREFÁCIO

A formação de um sacerdote dura, no mínimo, sete anos. Durante o período de estudos, obrigatoriamente, cursamos Filosofia e Teologia para termos mínimas condições de interpretar e dar sentido a nossa fé e visão de mundo, para sermos pastores do povo de Deus, mestres da Palavra e, como se diz nos últimos tempos, por inspiração da Conferência de Aparecida, discípulos e missionários.

Entre a ordenação e os estudos, conciliamos atividades pastorais nos fins de semana. É uma espécie de estágio, pois tomamos parte, parcialmente, em realidades nas quais, depois de ordenados, atuaremos totalmente.

Foi por volta do ano de 1999 que conheci Maria Eunice na comunidade dos Santos Anjos e Santa Rita, situada na cidade de Lorena, estado de São Paulo. Ela frequentava, com sua simpática família, as missas aos sábados à tarde, nesta comunidade povoada de gente sedenta de Deus. Fiz referência a sua simpática família porque creio que certos adjetivos têm razões genéticas, podendo ou não ser ampliados. Maria Eunice, por ter esse adjetivo inerente a seu ser, rapidamente se aproximou de mim (e eu dela), e logo ela deixou de ser mais uma fiel entre os fiéis que vão à missa para ser uma pessoa destacada e diferenciada da comunidade.

Quanto mais convivíamos, mais percebia que ela era dotada de capacidades humanas que poderiam ser aproveitadas na ação evangelizadora, e não perdi tempo; ainda seminarista, no que me era confiado, envolvia Maria Eunice e a convidava a liderar.

Cumpri ali meu tempo de estágio, fui para outras comunidades, e ordenei-me sacerdote no ano de 2004, sendo designado para minha primeira paróquia no mesmo ano; em 31 de maio de 2007, vim para minha atual paróquia, de Nossa Senhora Aparecida, que fora criada nessa época. Era uma comunidade que pertencia a outra paróquia, abraçando outras quatro comunidades. Tornei-me, então, naquele ano, pároco de Maria Eunice e sua família.

Em tempos diferentes, em condições pastorais totalmente diversas das de 1999, quando a conheci, pude encontrar uma Maria Eunice mais humana na sua labuta de mulher, mãe e cristã. Foi um tempo de vê-la não mais só nas singelas missas de sábado, mas saber de suas lutas bem de perto. Como seu pastor, pude integrá-la na coordenação de uma comunidade muito viva que temos em nossa recém-criada paróquia: comunidade Santa Teresinha do Menino Jesus, na "gestão" de uma das pastorais mais concorridas de nossa Mãe Igreja: a pastoral litúrgica. Maria Eunice, com sua "psicopedagogia" e criatividade singulares, enfeitou essa comunidade. Os domingos solenes se tornaram mais alegres, as equipes de celebração mais motivadas e bem formadas.

Porém, em setembro de 2010, Maria Eunice, sua família e todos nós fomos surpreendidos com seu câncer. Associado a isso, vieram as "pelejas" (os mineiros usam essa expressão para falar de luta) dentro de sua igreja doméstica: a família. Só Deus, ela e algumas vezes (ainda que poucas) meus ouvidos, sabemos o quanto foi difícil enfrentar a doença e ainda mediar tudo que viria a acontecer dentro de sua casa. É menos complexo enfrentar a enfermidade quando existe comunhão entre os membros da família.

Iniciei este prefácio citando minha caminhada formativa até o sacerdócio para chegar à seguinte conclusão: nenhuma faculdade ou capacitação acadêmica dá a alguém o que venho recebendo através do contato com as pessoas na pastoral. O ser humano é a melhor enciclopédia que podemos ler para entender nossa frágil existência e a grandeza de Deus. Maria Eunice é, para mim, para nossa comunidade, para sua família e amigos, um exemplo vivo de que, ainda que a noite pareça sem fim e terrível, uma manhã clara poderá chegar, trazendo-nos um novo dia e uma multidão de possibilidades.

Aqueles que lerem essa partilha de sua experiência de cruz e de luz poderão, com toda a certeza, aprender que, de nossa parte, sempre será válido sofrer, lutar, crer e não desistir de amar.

A proximidade com esta criatura trouxe para mim a possibilidade de uma nova visão teológica e filosófica em tempos que, talvez, eu precisasse de uma reciclagem, não em uma "academia", mas na valiosa escola da vida e dos encontros, na qual só obteremos diploma frequentando as vivências dos irmãos humanos que não se rendem à luta!

Para alguns, talvez este livro traga a possibilidade de uma nova fé na vida; a outros, a possibilidade de uma nova fé em si e, ainda, talvez, uma nova fé em Deus.

Padre Rodrigo Fernando Alves
Pároco da Paróquia Nossa Senhora Aparecida
Lorena – SP

INTRODUÇÃO

Aprendi que há um lugar dentro de mim que só o bom Deus habita.

Experimentei esta estada.

Que maravilha!

Lugar de paz, paciência, perdão...

Pude exercitar um contato curativo com meus fracassos do passado.

Percebi que, muito rígida comigo mesma, fui guardando, por muito tempo, sentimentos que me machucavam, me travavam.

Admitir minha humanidade, aceitar que naquela época e naquelas situações agi pensando fazer o melhor (e era mesmo o meu melhor, o que eu podia ter feito dentro das minhas concepções!), trouxe-me sossego à alma, leveza. Hoje até consigo rir de tudo isso.

Eu erro, tu erras, ele erra... Essa conjugação soa até bem leve...

Consigo perceber o quanto minha natureza se fez rigorosa ao longo desses 40 anos. Exigente demais comigo mesma.

Errando por não poder errar. Na escola da Dona Maria, o erro não foi matriculado. E na hora da chamada, a flexibilidade sempre dava umas escapadinhas.

Sim! Constatei isso também nessa minha estada dentro de mim mesma.

Lógico que não é fácil admitir. É um exercício complicado. Que tarefa dura!

Mas, aluna aplicada, esforço-me bastante e tenho obtido excelentes resultados. Meu Mestre Interior tem ajudado muito.

Quantas vezes ouvi falar da importância do autoperdão. E não foram poucas as ocasiões em que achei não ter nada para me perdoar. Ah! Que ilusão!

Só depois dessa reviravolta que se deu em minha vida, ou seja, com a finitude tocando-me bem de perto, é que pude – com a saudável intervenção psicoterapêutica – descobrir onde o fio se desconectara e, então, refazer as ligações.

Foi, tem sido e sempre será uma belíssima experiência de autocura, em contato profundo com o bom Deus.

Não é por acaso que o termo *religião* deriva de *religar*.

Dando uma boa lustrada na minha humildade (com licença do trocadilho!) e descendo do pedestal da imagem idealizada de mim mesma, chego ao profundo da minha natureza, que não comporta só amor e "coisinhas lindinhas". Deparo-me com momentos e situações em que senti e sinto ódio, ciúme, inveja, covardia...

Admitir esses sentimentos é o primeiro passo para a cura e para encarar o perdão como sinal de fortaleza, e não de fraqueza.

Passei a me relacionar de modo mais maduro com o meu passado, sem condenação nem esquecimento dos fatos, mas sendo realista a ponto de começar a encará-lo com os olhos do presente e voltada para o futuro, pois aprendi que a única coisa a fazer em relação ao passado é enxergá-lo de um jeito novo e aprender com ele.

Só assim o perdão acontece de fato. Processo profundo, que exige persistência. Sem pressa nem sentimentalismo.

Livre de pieguice, por liberar os sentimentos reprimidos, posso reconciliar-me com meu próprio eu. Sempre achei isso lindo na teoria. Toda vez que lia ou ouvia algo assim, ficava maravilhada. Agora, continuo maravilhada por poder experimentar, na prática, a força dessa verdade.

Esse diálogo interior aquietou tão bem meu coração! Estou mais leve, mais feliz, mais capacitada e, cada dia mais, harmonizando-me com as pessoas.

Parei de colocar atenção na "falta". Descobri que, por essa natureza exigente gerada em mim, pautei meus relacionamentos muitas vezes pelo que eles não tinham. Ou seja, estava exigindo coisas que as pessoas não podiam me dar. E, ao fixar-me na falta, não deixava espaço para perceber a presença.

Quanta energia consumida desnecessariamente!

Foi só eu passar a dar atenção à realidade apresentada que as coisas foram se transformando. Por idealizar demais, havia me distanciado de muitas coisas boas que estavam à minha volta.

Diminuindo o grau das expectativas a um ponto aceitável (saudável!), tenho conseguido ótimos resultados. Centelhas de ressurreição. Sim! Milagres não acontecem somente nas Escrituras ou na ficção; ocorrem quando damos espaço, e isso significa abolir a rigidez das concepções e das certezas.

Recebi, tempos atrás, uma mensagem cujo título e conteúdo retratam exatamente essa busca de flexibilidade e equilíbrio interior. Era o poema "Casa arrumada" (Ah! como seria bom se minha mãe o tivesse lido!...).

O genial Carlos Drummond de Andrade assim expressou seu conceito de "ordem":

Casa arrumada
Casa arrumada é assim:
um lugar organizado, limpo, com espaço livre
pra circulação e uma boa entrada de luz.
Mas casa, pra mim, tem que ser casa
e não um centro cirúrgico, um cenário de novela.
Tem gente que gasta muito tempo limpando, esterilizando,
ajeitando os móveis, afofando as almofadas...
Não, eu prefiro viver numa casa onde eu bato o olho e percebo logo:
aqui tem vida...
Casa com vida, pra mim, é aquela em que os livros saem
das prateleiras
e os enfeites brincam de trocar de lugar.
Casa com vida tem fogão gasto pelo uso,
pelo abuso das refeições fartas, que chamam todo mundo
pra mesa da cozinha.

Sofá sem mancha?
Tapete sem fio puxado?
Mesa sem marca de copo?
Tá na cara que é casa sem festa.
E se o piso não tem arranhão, é porque ali ninguém dança.
Casa com vida, pra mim, tem banheiro com vapor perfumado no meio da tarde.
Tem gaveta de entulho, daquelas que a gente guarda barbante, passaporte e vela de aniversário, tudo junto...
Casa com vida é aquela em que a gente entra e se sente bem-vindo.
A que está sempre pronta pros amigos, filhos, netos, pros vizinhos...
E nos quartos, se possível, tem lençóis revirados por gente que brinca ou namora a qualquer hora do dia.
Casa com vida é aquela que a gente arruma pra ficar com a cara da gente.
Arrume a sua casa todos os dias...
Mas arrume de um jeito que lhe sobre tempo pra viver nela...
E reconhecer nela o seu lugar...

Quem enviou esse e-mail me conhece bem, sabe o que se sucedeu comigo, do meu empenho em manter minha casa arrumada, viva (no dizer de Drummond e no meu também!).

Ao terminar de lê-lo, não tive outra reação senão encaminhar a ela minha resposta, cheia de alegria: "Acabei de constatar que minha casa é tão viva!".

Referia-me às minhas duas casas: a que resido e aquela onde reside meu coração e minha alma.

Desde que fiz a cirurgia, tenho estado menos tempo em minha residência – até para conseguir fazer corretamente o repouso necessário para que o braço não inche. Então, quantas vezes me incomodou, e – admito – ainda me incomoda, chegar em casa e ver tantos enfeites e outras coisas "trocando de lugar", tantos sinais de habitantes despreocupados com ordem, organização e bons arranjos. E fingir que não estou vendo!

Gente, que lição difícil!

Ainda me pego, às vezes, olhando para um cantinho e pensando: "Puxa vida, ali poderia estar mais arrumadinho!".

Mas já progredi muito! *A olhos vistos!* Tenho passado nos testes, sim! Especialmente nos referentes a minha casa interior.

Tenho sentido muito gosto em habitá-la. Arrumo-a todos os dias, mas agora do jeito sugerido pelo poeta. Reconheço meu lugar nela, entro e sinto-me muito bem-vinda. Eu e minha humanidade, minhas dúvidas e aspirações. Sem pressa, pressões nem grandes expectativas. Flexível. Equilibrada. Despretensiosamente feliz. Viva! Aprendendo, de novo, a ser criança. Se é que um dia fui... tenho dúvidas do meu ser pueril.

Mas seja lá onde esse ser estiver, vou resgatá-lo, porque ele é mais suscetível a novas aprendizagens, aberto às influências divinas, constante para reter as lições recebidas. Ele aceita o convite ao abandono total em Deus, que me proporciona o melhor, mesmo quando não o compreendo. Contempla o simples que traz o essencial da dinâmica do ser, contrapondo aos excessos da dinâmica do ter.

Ser criança então, agora, é o sopro a me suster. Mesmo quando meu corpo insiste em envelhecer.

1
UM POUCO DE MIM

> "A nossa maneira de andar, conversar, olhar, ouvir, enfim, tudo que fazemos, informa às outras pessoas o que pensamos de nós mesmos."
> (Mary J. Adams)

Maria Eunice: portadora de "boa vitória". Sim, esse é o significado do meu nome. De origem grega, vem da palavra *Euneike* ou *Euníke*: "boa" (*eu*) "vitória" (*nike*).[1] Acolho a orientação vinda do judaísmo, segundo a qual o nome é um título revelador dos traços particulares de caráter, concedido por Deus.

Paulista de nascimento e mineirinha de coração (costumo brincar que só não sou mineira de verdade por uma única viradinha de morro), amo minhas origens.

Marins é minha terra, meu berço. Vim ao mundo do modo mais natural possível. E me orgulho muito disso! Acho o parto natural uma das grandes maravilhas do Criador.

---

[1] GUÉRIOS, Rosário Farâni Mansur. *Dicionário etimológico de nomes e sobrenomes*. São Paulo: Ave-Maria, p. 114.

Durante oito anos, fui a "raspinha do tacho" na casa do Sr. João e da D. Maria. Até que, "surpreendentemente", veio o João Marcos.

Fiquei muito enciumada e um tanto confusa com isso. Afinal, amava meu irmãozinho. Troquei-lhe as fraldas, dei-lhe papinhas e contei-lhe muitas histórias. Com ciúme e tudo! Ah, ele era tão fofinho!

Pelo Márcio, meu irmão mais velho, sempre tive aquele típico respeito e consideração, mesmo quando, às vezes, a situação se invertia e era eu quem dava conselhos a ele. Também sentia um grande prazer em estar com ele nas poucas horas que tínhamos em comum. Era tão bom esperá-lo para assistirmos juntos à sessão *bang-bang!*

E a Cida? Ah, a Cida me remete a algumas brigas e muita cumplicidade. Foi ela quem me apresentou as primeiras letras (forjando minha alma de educadora), o primeiro sutiã, a primeira "conversa de mocinha"... Era ela quem me advertia a me controlar nas birras e teimosias (meu Deus, como eu fui teimosa!). Além disso, durante um bom tempo, servi de escudo para ajudá-la a esconder seu namoro. Saíamos juntas e tínhamos que voltar juntas. Então, a duas quadras de casa, eu ficava esperando por ela, enquanto se despedia de seu amado. Na terceira quadra, é claro. E pensar que no ano passado celebrei com eles seus 25 anos de casados!

A lembrança dessas passagens me faz tão bem! Tenho irmãos maravilhosos e hoje – certamente por tudo que tenho vivido – os sinto muito próximos, preocupados e solidários. Cada um do seu jeito.

E o que dizer dos meus pais? Presenças ímpares, que gestaram e moldaram o ser que sou hoje. Meus sustentáculos para tudo e em tudo: na infância simples, roceira e interiorana; na adolescência discrepante, na qual, enquanto as outras meninas se retorciam no frenético "Não se reprima" dos Menudos (lembra?!), eu me deleitava nas profundas e cativantes mensagens de Milton Nascimento e companhia; na mulher adulta, envolta em suas escolhas e projetos. Meus pais estavam sempre presentes com exemplos de fé e firmeza de caráter. É por causa deles que hoje vivo comprometida e envolvida pela minha fé, e sei dar razões a ela. É por causa deles que não jogo papel no chão, não vendo meu voto, não compro produto pirata, não ocupo vaga que não me pertença...

Fui me fazendo gente num lugar de paz e harmonia, extremamente simples e por isso mesmo tão excepcional. Onde havia regras muito bem definidas, a ponto de, a cada aniversário, a gente não ganhar presentes e sim nova tarefa a cumprir a partir daquele ano. Lembro-me de tantas... Porém, a que mais me marcou foi a do espantalho. Sim. Exerci a função de espantalho durante um bom tempo, senhoras e senhores! Consta em meu currículo. Meio expediente. Afinal, o trabalho não podia confrontar com o estudo.

Às sete horas da manhã, enquanto minha irmã ia para a escola, eu pegava minha canequinha de café e meu pedaço de bolão de fubá (para degustar mais tarde; ficavam guardados no buraco do barranco) e ia para o arrozal espantar passarinhos. Ah, os passarinhos! Como desejava que eles não aparecessem...

E tinha muitas outras tarefas incríveis: bater feijão, dar inhame para os porcos (esta quase me custou um dedo, pois, na pressa de terminar logo o serviço para brincar, quis pegar os pedaços do inhame antes de a Cida cortá-los e ela quase serviu dedinho de irmã para os suínos; tenho a marca até hoje). E colher café no pé, então? Como eu era a "menorzinha", adivinhe para onde me mandavam? É. Para debaixo dos pés do suculento fruto, junto com aquelas baratas brancas "maravilhosas". Essa parte me causou um trauma. Baratas horripilantes! Demorei um bocado de tempo para me esquecer delas. Mas passou. Como tudo passa e serve de crescimento, além de ser também divertimento. Como nos divertimos ao lembrarmos esses fatos!

Hoje, mulher adulta, trago em mim as marcas desse jeito natural e puro, gestado na taipa do fogão de lenha, sem pressa, singelo e dócil, sem deixar de ser forte e profundo, simples como a água bebida na concha da mão, parafraseando Quintana.

Acho que é por isso que amo tanto o silêncio. Costumo dizer que nasci no dia do silêncio. Ele me conforta, me refaz, me aproxima de Deus e me traz a paz. Junto dele está meu Santo Anjo da Guarda, que ajuda a me concentrar nas coisas essenciais e, assim, alcançar tranquilidade e força. Como diz Santa Teresinha, pela qual tenho forte devoção: "Para as almas simples, não são necessários meios complicados".

E penso que, por conta desse gosto pelo silêncio, desenvolvi uma característica que me é muito forte: a discrição. Sou notadamente discreta (com licença do trocadilho). E já lhe adianto: se tiver algum segredo e quiser confiá-lo a mim, fique à vontade e tranquilo. Ele morrerá comigo.

Defeitos? Tenho tantos que até prefiro não nomeá-los. Esforço-me em identificá-los e em aceitar que a fragilidade humana que há em mim não comporta só amor. Sei que esse é o primeiro passo para me fazer uma pessoa melhor a cada dia, na incessante busca de coadunar minha voz às minhas obras.

E por falar em fragilidade humana, há um lugar onde ela "bate ponto" todo dia, cenário de minhas limitações e inconveniências, mas também lugar de intimidade, consolo, refúgio: minha família, meu tesouro. Com os três me entendo por gente. Sem eles, viver é algo impensável! Meu marido há 18 anos, Adilson (com seu fascinante par de olhos verdes); meus filhos, Pedro Olívio, o príncipe de 13 anos, e Maria Gabriele, a princesinha de 4 anos, minhas riquezas. Eles são meu combustível, minha mola propulsora.

Diante da realidade do câncer, fui "convidada" a repensar minhas atitudes para com eles, questionar-me seriamente sobre o que fiz com minha vida até aqui e como isso os afetou diretamente.

Percebi que precisava direcionar a atenção para mim mesma e me enxergar. Apesar do "furacão" e através dele. Minha cura dependia disso.

Deus estava me concedendo uma segunda oportunidade de viver plenamente ao lado dessas pessoas que me são tão caras.

No "olho do furacão", há uma nova luz a indicar que meus pensamentos, comportamentos, decisões, emoções e meu corpo estão interligados e influenciando-se mutuamente.

Sem jamais negligenciar essa informação (para não cometer os mesmos erros), busco agora o novo caminho, o novo êxodo. Deixar a tormenta para trás e arrumar a "casa" da forma que me é possível, com empenho, coragem e persistência encharcados de esperança, daquela verdadeira, a que não decepciona.

2
A CONFIRMAÇÃO

> "A surpresa que traz a dor
> traz também a resistência."
> (Gabriel Chalita)

Nunca havia feito uma mamografia na vida. Fui à ginecologista, Dra. Weridiana, para consulta anual de rotina. E ainda cheguei brincando com ela, dizendo que precisava de um *check-up*, pois acabara de fazer 40 anos. Mal sabia que minha história com o câncer começava ali.

Lembro-me de que não pude realizar os exames logo após a consulta, mas também não me incomodei com isso. Afinal, era só coisa de rotina mesmo, sem estresse.

Estava com a cabeça muito mais ocupada com o meu retorno às atividades profissionais. Era final de agosto, e tinha acabado de reelaborar meu currículo para reingressar no mercado de trabalho. Tanto que, no dia em que fui fazer a mamografia, estava com alguns currículos em mãos, os quais distribuí logo após sair da clínica, embora tenha ficado um tanto confusa com o que aconteceu lá: as perguntas insistentes da médica, querendo saber se eu não sentia nada ali, naquele bendito ponto da mama esquerda; aqueles enormes "x" vermelhos que apareciam na tela, enquanto ela me examinava com o ultrassom (até sonhei com eles naquela noite); a chamada para repetir o exame da mamografia, justo da mama esquerda...

Enquanto andava pela calçada, após sair da clínica, raciocinava assim: "Vou esquecer tudo isso agora. Como o resultado sairá amanhã à tarde, se eu notar alguma coisa estranha, corro até a ginecologista e peço a ela que me explique".

Acomodei-me assim. Fiz tudo o que me tinha proposto. Ao chegar em casa, omiti de todos o que havia ocorrido. Era o melhor a fazer.

No dia seguinte, logo após o almoço, recebi um telefonema: minha médica queria se encontrar comigo, com urgência. Minhas pernas bambearam e nem sei se terminei direito a conversa com a secretária. Saí para o quintal e chorei, tentando me refazer para contar o que ocorria a meu marido.

Sem ainda ter a noção certa do que estava acontecendo, fomos ao consultório. Ele ficou com a nossa pequena e eu entrei sozinha na sala da doutora, que, com todo o cuidado, me deu a notícia: a responsável pela clínica havia entrado em contato com ela, dizendo que meus exames inspiravam investigação mais profunda por meio de consulta ao mastologista. Havia forte suspeita de câncer!

Não sei definir exatamente o que senti. Susto? Incredulidade? Medo? Um misto de tudo isso e mais um pouco de tantas outras coisas.

Saí de lá com a cabeça fervilhando e com consulta já marcada com uma mastologista em Taubaté (SP).

Três dias de espera que pareceram três anos! Como era fim de semana, pedi a meu marido que fôssemos passear, para nos distrairmos. Fomos a Lavrinhas, aonde há muito tempo não íamos. Minha mãe foi conosco. Passamos um domingo bem diferente na casa da minha madrinha de Crisma. Claro, não contei nada a ninguém, mas senti uma alegria muito grande em estar com aquelas pessoas tão agradáveis que nos acolheram, como sempre, tão bem.

Chegou segunda-feira! A consulta estava marcada para as nove horas, mas só se deu às onze. Que agonia! Quando ouvi da mastologista que aqueles dois exames nada tinham de conclusivos (pelas características de minha mama, segundo ela) e que era necessário fazer ressonância magnética e biópsia, minha agonia se multiplicou.

Voltar para Lorena não foi fácil. Parecia que eu não queria voltar. Queria era seguir adiante, no mesmo dia, até que, em alguma cidade, tivesse uma resposta que me livrasse daquela agonia.

Era uma sensação muito estranha. Enquanto meu marido guiava o carro, eu – ao lado – sentia minhas pernas e meus pés como que tentando forçá-lo a andar na direção contrária.

Chegamos a Lorena e iniciamos imediatamente a "maratona" para marcar os novos exames. De antemão, sabíamos que haveria de ser em outra cidade, pois a nossa é bem carente de recursos modernos. Que difícil! Vários telefonemas sem sucesso. Agendas lotadas. Mensagens gravadas. Impessoalidades que só contribuíam para aumentar meu tormento. É impressionante como nessas horas a ansiedade toma conta da gente a ponto até de perturbar nosso raciocínio.

Foram três dias de tentativas fracassadas, até que meu marido teve a brilhante ideia de irmos pessoalmente a São José dos Campos (cidade de nossa região com melhores recursos, onde eu poderia realizar a biópsia *core*, mais moderna e eficaz).

Juntamos malas e filhos e fomos todos juntos, rogando à Santa Teresinha e aos Santos Anjos que fossem à frente abrindo caminhos. E não deu outra!

Fui gentilmente acolhida logo na entrada da clínica, excepcionalmente atendida pela funcionária (cujo nome infelizmente esqueci, mas cujo rosto e lembrança estão sempre em minhas orações). Minha filha foi agradavelmente "recepcionada" no espaço recreativo que lá existia (até hoje ela se lembra de lá) e meu filho pôde se distrair, pois estávamos dentro de um dos shoppings da cidade.

Enfim, senti de fato um alívio depois de tanta busca. Consegui duas "brechas" na tal agenda lotada para fazer os dois exames de que precisava. Era uma quarta-feira. A ressonância magnética ficou marcada já para a quinta-feira e a biópsia para o sábado.

Fomos, então, pedir "abrigo" aos nossos compadres Carla e Vaninho, Maria do Carmo e Paulinho, que carinhosamente nos acolheram. E foi muito bom poder vê-los e partilhar com eles meus sentimentos. São amigos de longa data, companheiros para o que der e vier, "na alegria ou na tristeza, na saúde ou na doença...".

Realizei os exames com uma tranquilidade quase espantosa. Especialmente durante a ressonância (que, à primeira vista, parecia insuportável: 35 minutos deitada de bruços, ouvindo os mais estranhos e altos barulhos, sem poder me mexer...). Deitei-me naquela máquina afirmando para mim mesma que ia "tirar de letra" aquela situação desconfortável. Eu realmente estava muito tranquila.

Aproveitei aqueles minutos para me comunicar com Deus. E posso afirmar que foi uma conversa preciosa. Foi uma sintonia perfeita; comunicação total, sem nenhuma interferência, não obstante aquele *barulhão* todo. Incrível, não é? Mas, tenha certeza, até hoje colho "frutos" daquele momento. Por todas as "turbulências" pelas quais tenho passado, vem muito forte em minha mente e em meu coração a certeza reconfortante de que o Senhor está comigo, cuidando de mim.

Na realização da biópsia também não foi diferente. Só "balancei" um pouco quando o meu filho chegou, de repente, na sala onde eu estava em repouso, após a microcirurgia. Sabe como é, né? Quando se trata de filho, a gente "balança" mesmo. Chorei um pouco e fui amparada pela enfermeira que me atendia.

Depois disso, queria muito voltar para Lorena, voltar para minha casa, e tentar manter a normalidade, enquanto precisava aguardar, por intermináveis vinte dias, a confirmação.

Ah! Que tempo difícil! Os dias não passavam, as horas eram eternas. A espera mais desconfortável que já vivi trouxe consigo uma indescritível sensação de impotência que muitas vezes me travava. Só não embotava minha percepção diante da atenção e do cuidado que meus amigos me dedicavam. Lembro-me muito bem, por exemplo, da disponibilidade da Gislene em me fazer companhia e me distrair, mesmo deixando em casa, meio *doentinho*, seu pequeno Gui. Presenças como as dela, pessoais ou virtuais, traziam-me alento e faziam 24 horas serem só 24 horas.

Até que chegou o dia 16 de setembro.

Meu marido foi comigo a Taubaté. Infelizmente, por conta de fragilidades imensas das quais ele não tem consciência e, por isso, ainda não as domina, seu comportamento foi um tanto inadequado e ele não pôde me ajudar em nada quando a mastologista revelou a sentença: *carcinoma ductal invasivo*.

Voltei para casa me sentindo solta dentro de um turbilhão. As "mãos" cuidadosas do "furacão" tinham-se apoderado de mim. Tentava me fixar na frase dita com ênfase pela doutora: "Há muita chance de cura!".

Pensava nos meus filhos e no que queria viver com eles. Ao mesmo tempo, não pensava em nada. Queria que aquele dia acabasse logo. Reuni forças para dizer umas verdades necessárias a meu marido e saí para caminhar.

Procurei meus irmãos para lhes contar sobre a doença (até então nenhum deles, nem meus pais, sabia de nada). Concordamos que era mais prudente não contar a meu pai por conta de sua fragilidade. Só minha mãe saberia, pelo menos no início.

Preparei-me durante dias para contar a ela. Queria estar firme, segura e devidamente bem informada para lhe falar. Era tudo muito novo e assustador também para mim. Sentia que me faltavam elementos relevantes para embasar uma conversa tão séria como essa. E eu ainda nem havia me consultado com o médico oncologista. Tal consulta se deu uma semana depois. Muito bem recepcionada pela Joana, cheguei ao consultório do Dr. Oziris levando comigo dúvidas, medo e o aviso de minha prima Dina: "Esse médico é muito competente e verdadeiro. O que ele disser, pode escrever!". (Não posso deixar de contar também que, obviamente, ela fez referência à beleza do doutor.)

Reiterando todas as opiniões de minha prima, deixei o consultório mais aliviada. Trouxe menos dúvidas, menos medo e uma sentença: "Seu tratamento é de um ano. No dia 24 de setembro do ano que vem, estaremos aqui, comemorando sua cura!". Foi isso que o doutor disse. E eu escrevi!

Cheguei em casa e comecei a processar todas as informações que tinha recebido: o tamanho do tumor (25 mm) "sugeria" tratamento inicial com quimioterapia (a se iniciar já na semana seguinte!). Os cabelos iriam cair, o peso corporal não deveria subir, enjoos, dores pelo corpo e outros efeitos apareceriam.

Tinha dito à minha irmã que nesse dia, após receber todas as informações, eu iria à casa de nossa mãe para lhe contar. Mas não tive vontade nem coragem. "Amarelei." Ponderei comigo mesma que aquele não era um bom dia. Fiquei em casa, quietinha, com meus "processamentos". Sabia que faltava um "algo a mais" para me dar força e coragem.

Chegou o fim de semana. Meu filho estava em retiro nas Aldeias de Vida desde sexta-feira. Deveríamos ir buscá-lo no domingo. Conforme reza o ritual do Movimento, nesse dia os pais ou responsáveis se encontram na Matriz de Cristo Rei e se preparam para ir até onde estão recolhidos os aldeeiros, para um encontro festivo.

Há muitos anos não entrava naquela igreja. Que linda ela estava! Senti-me atraída a ir à Capela do Santíssimo. Meu marido foi também. Rezamos. Ele saiu. Fiquei sozinha naquele ambiente maravilhoso. Sozinha nada! Eu ali *tête-à-tête* com Jesus, sob a companhia de Nossa Senhora e do meu Santo Anjo da Guarda. Debrucei-me diante do sacrário, joguei-me nos braços do meu Salvador, chorei e despi-me totalmente. Foram minutos valiosíssimos que redimensionaram meu problema, acalmaram meu coração e me trouxeram a força e a coragem do "algo a mais" que estava faltando.

Daí em diante, abrir-me com a minha mãe era só questão de tempo.

Almoçamos na casa dela, como de costume aos domingos, e logo após a chamei para conversar.

Foi uma conversa tão curta quanto proveitosa. Falei-lhe abertamente, amparada pelas informações do médico, e com toda a segurança vinda do meu Salvador. Consegui transmitir-lhe confiança, e a reação dela foi muito boa, o que não me surpreendeu. Ela é muito forte, especialmente na fé.

Surpresa mesmo tive foi com a reação de tantas pessoas preocupando-se comigo, sendo solidárias, ensinando-me a resistir e lembrando-me do grande Tom Jobim: "Fundamental é mesmo o amor. É impossível ser feliz sozinho!".

3
COMPETÊNCIA É PRECISO

> "Para meus bons amigos tiro o chapéu,
> e lhes saúdo com um forte aperto de mão.
> Levo no peito a amizade como um rico troféu,
> e seu nome gravado em meu coração."
> (João Batista Rodrigues)

Há muito tempo, inferi que, assim como a felicidade, a competência também contempla a dimensão da alteridade. Da mesma forma que não dá para ser feliz sozinho, ninguém consegue ser competente por si só.

Por que estou dizendo isso? Bom, para vencer um câncer, há de se ter muita competência também. Afinal, estamos falando de uma guerra, em que só os capazes prevalecerão em todas as batalhas.

Lembro-me de que, logo ao saber do diagnóstico, fui contatando meus amigos (leia-se: meu exército de guerreiros) para pelejar comigo.

E a resposta foi imediata. Consegui reunir tanta gente, que até saiu de meu domínio. Tenho uma lista com as anotações de contatos por telefone, mensagens através de celular ou e-mail, visitas, cartas, encontros na rua, na igreja, no mercado... Gente muito próxima, gente que nem conheço, gente da minha e de outras religiões, gente solidária que captou o princípio elementar da *compaixão*: o "sentir junto".

Gente que me ensinou a aceitar ajuda (para mim sempre foi mais fácil ajudar do que ser ajudada), gente que adivinhava meus pensamentos, meus desejos, minhas necessidades... Todos suplicando a Deus por mim.

Uau! Que equipe competente eu tenho! Congregada em profundidade, compassiva; sofre comigo, mas também se une à minha alegria diante das pequenas vitórias que vou conquistando. Prova de que são amigos verdadeiros. Concretização do carinho de Deus para comigo. Anjos da minha guarda.

É o que sinto quando experimento o empenho de meu marido em me "botar pra cima", me reanimar, me fazer viver..., quando minha mãe aparece – repentinamente – me trazendo aquelas gostosuras que só ela sabe fazer, recheadas de carinho e cuidado... Quando a Ana me acompanhava em todas as sessões de "químio", ouvia meus desabafos e me ajudava a pensar..., quando minha irmã percebeu que aqueles velhos óculos não combinavam com a minha nova cara e os substituiu pronta e lindamente..., quando a Anne (generosa como sempre) me enviou lenços (muitos e maravilhosos) junto com um livro, para me lembrar que "a vida é um milagre"..., quando a Edylaine aparecia, com toda a sua destreza e criatividade, para dar um *up* no meu visual...

E a lista parece interminável, porque, de fato, o amor de Deus por mim não tem fim. Ele me visita através do Padre Rodrigo, me traz a bênção da saúde junto com o carinho (ou o "estímulo disfarçado no abraço") do meu amigo, meu pároco, meu pastor. Ele me sustenta todos os dias por meio da Santíssima Eucaristia, trazida quase sempre pela Luciana, outras vezes pelo Sr. Edson, a Regina, as Rosanas, o PC e a Sandra, a Fátima e o Almir, a Giovana e o Ricardo, a Marilda, a Chiquinha... Ele me acarinha através dos súbitos abraços e *agarrões* que o Pedro Olívio me dá, dos lindos desenhos e textos que a Maria Gabriele me traz justo nas horas em que mais preciso... Ele me auxilia por intermédio da Dona Jandira, da Rô, das Ledas, da Euni, da Sandra, da Sara, da Chiquinha, da Maria, todas com grande disponibilidade para me ajudar, me fazer companhia e se divertir com a minha Maria.

Tudo isso sem falar na Dilma (que não é a presidenta, mas tem seu poder), no Antônio e no João Vítor, meus fiéis escudeiros, presenças marcantes para toda hora.

E a Dina, então?! Sempre tão divertida quanto prestimosa. É grande a satisfação de estar com ela, ainda mais se vier junto aquele nhoque magnífico! Ou se estivermos pertinho do mar, em sua casa tão aconchegante. Ela e o "primo" nos tratam tão bem!

Tem também as cartas da Cris, vindas lá das terras catarinenses, para me alegrar, me encher de ânimo. Ela que, nos últimos tempos, sofreu duas grandes perdas e teria até motivos para se "esquecer" de mim.

Tem ainda o empenho e o cuidado da Carla e do Vaninho; a atenção e a disponibilidade da Áurea, da Catarina (foi dela a ideia deste livro), da Irmã Maria de Lourdes, da Rosana, da Letícia, da Cilene, da Gislene, da Cristina, da Nelyliane; o carinho das Vivi's, do Chico, da Cássia e sua família, do Donizete e da Denise, do Marcelo, da Sara e do Fabricinho (grande guerreiro desde o nascimento!), da Rita lá da USP, da Bernardete, lá no RH, sempre empenhada em liberar com a máxima destreza e a mínima demora a "papelada" para todos os procedimentos.

Existia até uma escala – seguida religiosamente – entre os amigos motorizados que me conduziam às 33 sessões de radioterapia, revezando com o meu marido: o PC e a Sandra, a Regina e a Cleusa, a Rosana, o Ricardo e a Giovana... Irmãos na mesma fé, constatando que nossa paróquia é muito viva!

Do Mosteiro de Belém veio a bênção divina através dos Santos Anjos, em comunhão com a natureza exuberante, a solicitude dos sacerdotes, das irmãs e dos irmãos consagrados e das minhas amigas adoradoras.

De solo romano chegou o estímulo da Irmã Maria Áurea, aliado à atenção e ao cuidado do estimado Padre Lukas, fazendo-se tão presente, não obstante a grande distância física.

De bem pertinho – da casa do João Marcos, sendo mais exata – veio o impulso para a realização de um grande sonho disfarçado em quantias por meio do João Marcos e da Leda, da Cida e do Dônio, do Márcio e da Rosilda, da Anne e do Leandro.

E assim vou seguindo, cada dia mais competente, sendo muito bem assessorada sob o domínio de Deus. A Lilia sabe disso, mesmo sem me conhecer. Obrigada pela confiança e por me lembrar através do livro *Você é mais forte que o câncer*. O Anderson, seminarista, também sabe. Ele que me conhece bem e que foi presença certa com a incessante mensagem: CORAGEM!

Ânimo também me veio através do meu tio Joaquim (exímio guerreiro contra um câncer no esôfago), da minha tia e madrinha Inês, da tia Nazareth e de todos os meus familiares e amigos dos Marins e de outras "bandas". Se não é rosquinha de nata, é queijo mineiro; se não é livro inspirador, é mensagem bíblica vinda por carta (não é, Carlito?). De um jeito ou de outro, pessoalmente ou por telefone, todos se fizeram presentes. E ainda enviaram presentes surpreendentes. Como fizeram meus amigos da comunidade paroquial. Deram-me uma grande alegria, além do susto: uniram-se todos numa "vacona" (sim, porque não posso chamar de "vaquinha", dado o valor do presente) e me presentearam com um notebook. Valeu, Giovana e companhia!

E se o assunto é competência, não podemos deixar de fora a competência técnica. Neste quesito também estou muito bem amparada. Com o Dr. Oziris (tão bonito quanto competente) no comando de uma equipe tão capaz, não tive o que temer. Vitória assegurada! Especialmente porque meu desejo de vencer era enorme.

Santa Teresa D'Ávila costumava dizer: "Teresa de Jesus e 3 ducados não é nada. Mas Teresa de Jesus, 3 ducados e Deus é tudo!". Permito-me parafraseá-la e dizer: "Maria Eunice, seus competentes guerreiros e Deus é tudo!".

Ouvi dizer que os elefantes, quando empenhados numa luta, defendem tenazmente seus companheiros feridos, rodeando-os de modo a formar uma "muralha" ao redor deles. Foi o que meus amigos fizeram comigo. Só me recuso a me chamar de elefanta. (Tudo bem que estou um tanto mais gordinha, mas...)

Brincadeiras à parte, recordo-me agora daquele carcereiro citado nos Atos dos Apóstolos: "O carcereiro recolheu-os naquelas horas da noite, lavou-lhes as feridas, levou-os a sua casa, preparou-lhes a mesa e festejou cheio de alegria junto a todos os seus por ter acreditado em Deus" (cf. At 16,33-34).

Competente ele, não?! Como os meus combatentes.

Só posso mesmo expressar-lhes minha eterna gratidão, *ab imo corde!* ("do fundo do meu coração").

4
VENENO QUE CURA

> "Deus tira proveito de tudo,
> até do espinho da rosa."
> (Rodrigo F. Alves)

No comecinho do século passado, existiu uma mente prodigiosa que, por sua perspicácia e obstinação, salvou muitas vidas. E continua salvando até hoje!

Essa criatura abençoada, Vital Brazil (é assim mesmo, com "z", pois naquela época não havia consenso sobre a grafia do nome do nosso país), cansado de ver muitas mortes por picadas de cobras, empenhou-se em realizar uma obra científica de primeira ordem, salvando milhares de existências.

De início ridicularizado por uns, desacreditado por outros, não desistiu de seu intento. Sua "alma bem formada" não permitia. Até que todos tiveram que se curvar a seu talento; o sucesso de sua fórmula era inegável, a ponto de até hoje não existir tratamento mais eficaz para picada de cobra. O soro, feito a partir do veneno da serpente, é produzido por meio de um complexo processo, obtido a partir do sangue do cavalo, que recebe, durante dias, várias aplicações do veneno devidamente preparado. Depois de umas seis semanas, seu organismo produz anticorpos contra esse veneno e dele se retiram 6 a 8 litros de sangue, do qual são separados os anticorpos.

Ou seja, o soro antiofídico nada mais é do que parte do sangue do cavalo que produziu agentes defensivos (anticorpos) contra o veneno (antígeno) que foi inoculado em seu organismo.

Dinâmica interessante, não?!

Pois no processo de tratamento do câncer acontece algo bem semelhante. Isto é, na própria doença está a cura. Ter-me dado conta disso fez toda a diferença para mim.

Através do câncer fui "convidada" a uma reviravolta interior, a direcionar a atenção para mim mesma e me enxergar, questionando-me de verdade e percebendo a interligação existente entre meu corpo e meus pensamentos, minhas atitudes, decisões, emoções.

Tarefa bem difícil, na qual estou tão empenhada quanto sou inexperiente. Tem horas que sou tentada a "deixar isso pra lá", fingir que está tudo bem. "Ah! Não mexe com isso, não."

Reparou quantos "nãos" expressos numa única frase tão curta? E é isso mesmo que acontece. Ao fugir de nossas dúvidas, evitando encarar nossos conflitos, deixamos para trás situações não resolvidas que passam a interferir negativamente em nossa trajetória, como nos alerta Roberto Shinyashiki.

São essas situações que nos travam, "emperram o motor"; são esses sentimentos que nos limitam e querem nos impedir de avançar. Fardos enormes que nos fazem adoecer: fatos, pessoas, mágoas e tristezas que precisam ser encarados, nomeados, assumidos, transformados para que a cura aconteça.

Em latim há uma palavra que significa "restaurar, reunir, possibilitar um reencontro": *reconciliare*, reconciliar. Aprendi que é isso que tenho que fazer comigo mesma. Reconciliar-me com meu próprio eu, com as minhas sombras, meus erros, meus instintos, minhas fraquezas, necessidades recalcadas e reprimidas.

E o primeiro passo é admitir a existência de tudo isso, o que requer muita humildade para aceitar minha natureza terrena (que não contempla só amor, mas também agressividade, covardia, inveja...), aceitar o "húmus" que existe em mim.

Porque, do contrário, ou seja, sem admitir minhas sombras, corro sério risco de projetá-las, inconscientemente, no outro. E não é isso que quero para meus relacionamentos. Quero a luz e a força que vêm do reconhecimento de minha fraqueza e que trazem clareza e verdade enriquecedoras. Quero a possibilidade de novos caminhos, advindos dos erros admitidos.

Como educadora, lembro-me agora de Piaget e sua doutrina: "Aprender é reconstruir!". E, como amante da poesia, remeto-me a Cora Coralina: "Recria tua vida, sempre, sempre. Remove pedras e planta roseiras e faz doces. Recomeça".

É isso!

A transformação que vem com a doença é real. Eu a sinto "na pele", literalmente. (De fato, estou com uma pele maravilhosa, nunca notada antes; "bundinha de neném!")

Li outro dia um estudo na internet que analisava de que forma o curso do câncer de mama pode ser influenciado pela personalidade da paciente. E lá eram citados benefícios emocionais e existenciais associados ao adoecimento, tanto durante o tratamento quanto após a remissão da enfermidade.

Parece meio louco, não é? Mas é verdade. Eu me incluo nessa estatística. Porque, com a vinda do câncer, pude e posso me reconstruir, recriar minha vida, retirar os excessos, fazendo a poda necessária. E poda se faz no inverno, certo?

Embora as temperaturas durante o inverno brasileiro não sejam tão extremas, podas, regas e controle de pragas no período mais frio são determinantes para a saúde e o vigor da planta nas estações seguintes.

Nas estações que antecedem o inverno, o metabolismo das plantas é mais acelerado, sendo a época fria um período importante para as plantas recobrarem as forças para depois brotarem, florescerem e frutificarem. Informações como essas são constantes em quaisquer manuais de poda.

Com toda a responsabilidade que tal decisão implica, trago esses conhecimentos para o inverno que experimento atualmente (voltarei a este assunto mais adiante).

É revigorante! Traz um movimento novo para a vida da gente. Um movimento que começa em mim (Exupéry diria: "Abençoado ferimento que te faz parir de ti próprio") e deve afetar todos os que me acompanham.

Estou muito empenhada nessa renovação, em arrumar a minha "casa", na dinâmica da cura que vem com a verdade escancarada que mostra a fragilidade e aceita ajuda. Porque, como bem nos lembra Tagore, "Se fechar a porta para todos os erros, a verdade ficará lá fora".

Hoje consigo perceber que, muitas vezes, em minhas relações, o ter deixado "a verdade lá fora" contribuiu para o meu adoecimento. Por ter criado expectativas demasiadas, por ter optado pelo silêncio danoso após inúmeras tentativas de fala, por colaborar para meu próprio amordaçamento.

Hoje quero a cura! Não quero superficialidades nem máscaras. Porque a cura está na verdade. "Não saias de ti, mas volta para dentro de ti mesmo. A Verdade habita o interior do homem", sentencia Santo Agostinho.

Luto pela verdade "aqui dentro". Com saúde, sem grandes expectativas e com desejo ardente do diálogo construtivo e enriquecedor.

Só assim o câncer irá produzir frutos em minha vida, porque, passando pelo fogo, fico, cada dia, mais resistente e renovada. Além de expandir minha "visão", pois, como afirma Heber Salvador de Lima, "Os sofrimentos, na vida, têm a função de uma lente; toda pessoa sofrida vê tudo mais claramente".

O Sr. Vital Brazil salvou milhares de vidas. Estou lutando para resgatar a minha. Tenho uma segunda oportunidade e dela tirarei todo benefício, sem pestanejar. Porque ela é de Deus, e ele "tira proveito de tudo. Até do espinho da rosa...".

5
TEM XAMPU PRA CARECA?

> "Coração alegre ajuda a sarar,
> mas espírito abatido seca os ossos."
> (Provérbios 17,22)

A vida é feita de escolhas, todos sabemos disso. Diante de uma doença (onde a dor é inevitável, mas a melancolia é opcional, lembrando Drummond), também podemos fazer escolhas. Escolhi ser alegre, em Deus, não obstante as provações e os contratempos, e a despeito de tudo que envolve a realidade de um câncer.

Asseguro, obviamente, que experimento – sim – momentos de abatimento e tristeza. Porém, como minha alegria vem da alma, não há morada para o desânimo (palavra que significa "sem alma").

E aqui me permito trocar o termo "alegria" por "entusiasmo", cujo significado é: "ter Deus dentro do coração". É isto! Simples e profundo assim.

Porque quero ser mensageira de uma alegria que não teme a dor, a alegria da ressurreição, como nos exorta o Papa Emérito Bento XVI. Porque, embora não saiba o que vem pela frente, sei de Deus e de sua proteção. Porque estudos comprovam (e eu atesto, na prática) que o otimismo se afigura como uma espécie de proteção contra o impacto psicológico do câncer. Porque, portanto, tristeza mata. E quero viver muito. E rir muito também faz um bem enorme, além de ser contagioso, como um gostoso bocejo.

É justamente quando brincamos que nossas células cerebrais formam mais e mais conexões (sinapses), criando uma rede densa de ligações entre neurônios que passam sinais eletroquímicos de uma célula para outra. Ou seja, o ato de brincar e rir estimula e exercita as diferentes funções cerebrais.

Sabendo que possuímos dois tipos de capacidade mental: a lógica – racional, cognitiva, objetiva – e a intuitiva – instintiva, sensível, criativa –, necessitamos usar essas duas capacidades de pensamento em todas as áreas e momentos de nossa vida. Reativar, portanto, a nossa capacidade de sermos mais criativos, flexíveis, intuitivos, positivos. Tudo que precisamos fazer é deslocar nossa atenção para diferentes aspectos de nossa experiência.

Nessa minha trajetória de vivência com o câncer, tenho tido boas oportunidades de extravasar, e não as desperdiço. Pegar a dor e brincar com ela, no melhor estilo Charles Chaplin.

Afinal, o "peso" da doença já é tão grande que a gente precisa ir eliminando tudo que possa estar sobrecarregando esse fardo.

Comecei pelo cabelo, ou melhor, pela falta dele. Avisei para mim mesma que seria tranquilo ficar sem a minha cabeleira, e estava até bem curiosa para ver como seria minha careca e que lenços usaria. Perucas, jamais!

Na primeira consulta com o Dr. Oziris, ele já me havia alertado que, logo no início da quimioterapia, meus cabelos cairiam. Ele só se esqueceu de me avisar que, antes de cair, eles iriam me dar uma grande dor de cabeça, literalmente falando. Dezessete dias depois do início da "químio", começou uma dor muito forte no meu couro cabeludo. Dormi muito mal à noite. Acordei com a cabeça fervendo. Doía por dentro e por fora. Mas não entreguei os pontos. Fui fazer a minha caminhada costumeira – e necessária – assim mesmo. Foi muito bom. Senti-me melhor na volta. Nem imaginava que a tal dor tivesse algo a ver com a queda dos cabelos.

Contei para a Rô, minha cunhada. Ela se informou com uma amiga – já curada de câncer –, que nos sentenciou: raspa a cabeça que passa!

Meu cabelo já estava curto porque, logo que soube do diagnóstico, fui à cabeleireira e pedi que fizesse um corte curto, bem moderninho, para facilitar a "transição". Na verdade, na maior parte de minha vida, usei cabelos bem curtos. De uns anos para cá – depois de insistentes reivindicações do meu marido – é que havia deixado as madeixas crescerem. Então, do curto para o raspado não teve grande diferença para mim. E a

Cristina – convidada pela Rô – me ajudou a mostrar ao mundo que a minha careca é bem bonitinha, além de me trazer um grande alívio, sem dor de cabeça.

Depois veio o festival de lenços. Cada um mais bonito que o outro. E eu me divertia junto com minha pequena Maria: dançávamos com eles, nos enrolávamos neles, "brigávamos" por eles... E com eles mudou meu critério para escolha das roupas ao me arrumar, ou seja, primeiro selecionar o lenço para depois eleger a roupa que com ele combinaria.

Foi bem divertido. Assim como era divertido ver as pessoas, curiosas, comentando: "Com qual lenço ela estará hoje?". Às vezes, as surpreendia com um chapeuzinho ou uma charmosa touca, só para variar.

Pequenas alegrias e grandes resultados experimentados diariamente, muitas vezes protagonizados pela minha princesinha Maria Gabriele. Como no primeiro dia em que ela me viu lavando a cabeça e disparou a pergunta, com todo espanto: "Mãe, tem xampu pra careca?". Ou quando ela, ouvindo falar que eu tinha vindo do cirurgião plástico, indagou com curiosidade: "Mãe, onde tá o plástico que o doutor pôs no seu peito? Deixa eu ver?".

O Pedro Olívio também me provoca gostosas gargalhadas. Principalmente quando, nos seus rompantes típicos da adolescência, se fantasia de professor, de *rapper*, de pai, e cria as mais divertidas performances. É "mó legal"!

Outro dia, meu marido e eu rimos muito na feira. Tem um senhorzinho que conhecemos há um bom tempo (não me lembro do nome dele) e que, esporadicamente, encontramos por aí. Nesse dia o encontramos e a reação dele, ao me ver, foi surpreendente pela falta de cerimônia com que disparou a pergunta: "O que tá acontecendo para você estar com esse lenço na cabeça?".

Eu lhe respondi, com educação e alegria. Despedimo-nos dele e, a partir daí, foi só risada. Achamos muito engraçada a forma direta como ele quis desfazer sua interrogação. Afinal, é comum as pessoas me olharem com curiosidade, surpresa, pena. Mas é totalmente incomum alguém chegar e perguntar assim, "na lata".

Há, ainda, outras situações que, quando ocorrem, não são lá muito engraçadas, mas, depois que passam, me fazem rir bastante.

Os desejos estão em primeiro lugar nesta lista. Que coisa esquisita! Durante o processo de "químio", tive vários deles. Igualzinho a mulher grávida. De repente, do nada, vinha uma vontade louca de comer cigarrete, pavê, nhoque...

Ainda bem que podia contar com a disposição do meu marido em resolver isso para mim. E quando ele não conseguia, a Dina entrava em ação.

Certa vez, eu mesma quis satisfazer uma dessas aspirações. Foi logo no início do tratamento, na primeira semana após a primeira sessão. Acordei bem-disposta, com vontade de trabalhar. Os seis primeiros dias tinham sido bem difíceis: enjoos, peso nas pernas, intestino preso, dor de cabeça, dor nas costas, língua e céu da boca parecendo lixa...

Fiz o meu desjejum e comecei a pôr em ordem umas coisas: roupas na máquina, biscoitos nos armários – leia-se: "Quero minha vida de volta!".

Foi ótimo preparar o café da manhã para tomarmos juntos, como antes!... "minha vida de volta...". Só que logo uma zonzeirasinha me lembrou do que eu estava querendo fingir não saber: "Seu corpo ainda tem drogas fortíssimas. Atenção! Cuidado! Vá com calma!". Ok, tudo bem! Devagar e sempre!

Pensando nas coisas simples que podia fazer e que, de repente, ganharam um significado ímpar, extraordinário, tornando-se fonte de alegria, resolvi colocar feijão para cozinhar, fazer aquele tempero de caldo suculento e rosado, à mineira. Que saudade do meu feijão! Comi tanto feijão com banana que depois eram só gases para todo lado!... Confesso que nunca me senti tão feliz, soltando "bombas de flatulência". Foi ótimo!

Aliás, durante todo o tratamento busquei cuidar da alimentação, porque sei que ela possui forte impacto no processo de cura: comer saudavelmente e com prazer.

Porém, tenho que confessar uma grande dificuldade: aliar o prazeroso ao saudável. Mesmo com a ajuda de uma nutricionista (por intermédio da Carla e do Vaninho) e com as enfáticas advertências do Dr. Oziris, não foi fácil, especialmente durante os quatro meses da "químio". Saía do consultório dele meio desapontada. Achava simplista demais ele me sentenciar: "Não coma!", diante da "fome de leão" que sentia.

E ele sempre tinha uma explicação engraçada para me dar, na tentativa de amenizar tudo o que eu estava passando... É lógico, ele sabe o quanto o bom humor é imprescindível nessas horas. Presenciei várias situações – nos corredores, na sala de "químio" – em que as injeções antineoplásicas dadas por ele eram, na verdade, de bom humor e alegria.

O que, há alguns anos, era quase uma heresia para a ciência, hoje é motivo de estudo para a Medicina em geral e para a Psiquiatria, em particular: a importância do bom humor, dos bons sentimentos e dos pensamentos positivos na qualidade de vida e na saúde global da pessoa, sobretudo na prevenção de doenças graves como o câncer.

Pesquisas apontam que o riso exerce papel relevante na redução dos hormônios envolvidos na fisiologia do estresse, melhorando a imunidade e reduzindo a pressão sanguínea.

Vitor Frankl afirma: "O humor possibilita ao homem tornar-se 'senhor de si'".

Personalidade com traços de negação das experiências mais traumáticas, supressão das emoções e tendência à raiva, momentos de amabilidade excessiva, porém, às vezes contrariada, não reconhecimento dos conflitos, aspiração social exagerada, comportamento forçosamente harmonioso, paciência desmedida e dissimulada, racionalidade contundente e um rígido controle da expressão emocional são características de pessoas consideradas pseudo-bem-humoradas – pessoas propensas a desenvolver tumores cancerígenos, de acordo com estudos de cardiologistas, oncologistas e psiquiatras.

No site do Instituto Oncoguia (www.oncoguia.com.br), encontrei as seguintes informações, reproduzidas aqui na íntegra:

> **Psiconeuroimunologia:**
> **o possível efeito do estresse sobre o câncer**
>
> Equipe Oncoguia
>
> Muitas vezes, recebo pacientes oncológicos que me dizem saber quando o seu câncer se iniciou. Uns mencionam a morte da mãe, outros o adoecimento do pai por Alzheimer, a perda de um filho, um divórcio, uma aposentadoria indesejada etc., ou seja, sempre há, anteriormente, uma perda muito sentida.
>
> Em geral, quando o resultado histopatológico chega, há uma relação temporal entre o início da neoplasia ou da recidiva e o fato traumático mencionado.
>
> Não podemos afirmar, porém, que uma perda importante cause necessariamente o câncer. Diversas pessoas sofrem perdas bastante dolorosas e não desenvolvem neoplasias.
>
> O que podemos afirmar é que uma perda importante que não tenha sido ressignificada pode ajudar no

aparecimento de doenças, dentre elas o câncer. Ressignificar uma perda é metabolizá-la bem, aceitá-la e transpor o fato criando outros significados para ele.

Há pessoas que se fixam em um fato e continuam a vivê-lo sem evoluir para outras etapas, não criando outros projetos, outras metas; tornam-se prisioneiras do passado.

Isso causa um estresse continuado e crônico, que, mesmo não sendo sentido pela pessoa, vai minando o funcionamento do seu organismo como um todo e propiciando o aparecimento de algumas doenças. O termo STRESS foi cunhado por Hans Seile na década de 1950 e quer dizer "pressão", em alemão.

O ser humano necessita de certa quantidade de pressão para cumprir suas tarefas diárias, ser estimulado a perseguir novos objetivos e até para saciar as necessidades básicas de fome e sede. Isso é o que chamamos de estresse positivo ou EUSTRESS.

Quando, porém, uma tarefa exige uma quantidade exagerada de energia para ser desempenhada, ela tomará recursos do indivíduo que estavam alocados para outras funções. Estas, por sua vez, ficarão comprometidas. Muitos acidentes de trânsito ocorrem por esse deslocamento de energia, que torna a pessoa desatenta e diminui seus reflexos. Esse é o estresse negativo ou DISTRESS.

Ainda há os casos em que o gasto energético não é demasiado, mas muito prolongado, podendo acarretar desgaste no sistema como um todo e acarretar várias reações, todas maléficas, como, por exemplo, o adoecimento.

A Psiconeuroimunologia (PNI), ciência que explica o funcionamento sistêmico do ser, confere autenticidade a essa posição.

Para a PNI, a saúde é o equilíbrio dinâmico entre os diversos sistemas que compõem o ser. Qualquer alteração em um dos sistemas (psicológico, neurológico, endócrino ou imunológico) acarreta um desequilíbrio em todas as partes do indivíduo.

A tendência posterior é a de o sistema se reequilibrar, pois possui vários mecanismos para tal. No entanto, um desequilíbrio continuado pode ser fatal, levando o sistema à falência e ensejando o aparecimento de doenças.

O estresse continuado, ocasionado por um trauma não sobrepujado, mina o sistema imunológico. Propicia, por mecanismos de retroalimentação, o descontrole de neurotransmissores cerebrais (entre eles a serotonina e a noradrenalina), causando depressão.

Como sabemos, um organismo debilitado em suas defesas (especialmente carente das células NK, matadoras naturais que combatem células tumorais) e deprimido tem mais chances de permitir o aparecimento e o desenvolvimento de tumores.

A posição de "vítima" de certos pacientes, mesmo depois de vencida a doença, também é muito negativa, porque impede que superem o papel de "doente" e adotem o de "ter tido um câncer". A "vítima" é sempre passiva diante do que lhe acontece. Essa atitude, que a princípio é mais confortável, em longo prazo imobiliza a pessoa, retirando-lhe qualquer sensação de controle sobre sua vida.

Há pessoas que lidam com o diagnóstico de câncer enfrentando-o com dor, é claro, porém, dentro da realidade. Elas procuram utilizar-se de todas as possibilidades que o arsenal médico e as áreas afins oferecem e, mesmo sabendo que têm uma doença potencialmente fatal, conseguem continuar com as suas vidas normalmente após a alta. Acreditam na vida que pode ser vivida a partir de então.

Alguns indivíduos, diante da possibilidade real de finitude, refazem seus planos de vida, mudam seus valores, tornam-se pessoas mais autênticas e vivem realmente o presente, que, afinal, é o único tempo que todos nós temos.

O medo da reincidência de um câncer é claro que vai pairar sempre sobre o paciente, os familiares e amigos. Muitos, no entanto, conseguem não se paralisar com essa possibilidade e vivem uma vida com muito mais senso de autenticidade.

Muitas vezes, quando a doença já avançou, o medo não é propriamente da morte, mas do sofrimento, da dor, da desfiguração, da dependência e, enfim, da perda da autonomia.

Para a dor, a Medicina já possui recursos que aliviam sobremaneira o sofrimento. Nos dias atuais, a fase terminal de um câncer, se bem conduzida, não precisa ser terrível.

Nessa etapa, em que não há mais esperança de cura, trabalha-se unicamente pela qualidade de vida da pessoa e de sua família. Sempre há o que fazer para aliviar os sintomas e dar conforto.

Hoje estou permanentemente em contato com pacientes oncológicos que têm plena consciência de que sua doença é crônica. Sabem que não vão se curar, mas também que a doença não é uma sentença de morte iminente.

Há cada vez mais pacientes que lutam e combatem um câncer por anos a fio e continuam vivendo tão plenamente quanto suas possibilidades permitem.

Nesse caso, a meu ver, a comunicação clara e verdadeira entre a equipe médica, os paciente e os familiares diminui sobremaneira o peso das dúvidas, dos segredos e dos cuidados fortuitos de poupar o paciente e a família do real estado de saúde da pessoa.

Essa sinceridade pode, às vezes, permitir que assuntos não resolvidos entre os familiares possam ser ventilados, providências legais sejam tomadas a tempo e perdões e despedidas possam ocorrer.

Em alguns casos, porém, observamos o contrário acontecer: paciente e família imaginarem que a morte é iminente sem que seja esse o caso, antecipando, desnecessariamente, dor, luto, tristeza e perda, sem aproveitar qualitativa e quantitativamente um tempo precioso com seus entes queridos.

Atualmente, já está constatado o importante papel da alegria na prevenção de processos de adoecimento. A Clínica Mayo acaba de publicar um estudo retrospectivo sobre pessoas entrevistadas há trinta anos que se dividiam entre otimistas e pessimistas. Ao longo dos anos seguintes à pesquisa, os componentes do primeiro grupo adoeceram 50% menos das mais diversas doenças, do que as que se qualificavam como pessimistas.

Podemos citar ainda outro estudo publicado em agosto de 2002, pela revista *Câncer*. Nele, além da influência do estresse na imunomodulação e, por conseguinte, na ligação entre sistema imune deficiente e progressão do câncer, abriu-se outra senda interessante de investigação: o tumor é uma vida dentro da vida. Para se desenvolver, precisa de nutrição e mobiliza o mecanismo de angiogênese, ou seja, a formação de novos vasos.

É através desta nova e anômala rede de vasos sanguíneos que o tumor se alimenta e permite a multiplicação infinita de suas células.

O referido estudo da Universidade de Iowa mostra que mulheres que se definiam como tendo um bom sistema de apoio social e diagnosticadas com câncer de ovário tinham uma menor formação de novos vasos, ou seja, uma melhor expectativa para a doença, pois menos nutrientes chegavam ao tumor.

Por fim, gostaria de mencionar que a Medicina hoje já tem uma expectativa tão positiva para certos tipos de câncer em crianças, adolescentes e adultos ainda sem filhos, que tenta proteger de forma química, cirúrgica ou através da criopreservação parte das gônadas (os órgãos reprodutivos), antevendo um futuro em que a criação de uma prole seja possível.

Falar que uma mulher que teve câncer de mama está grávida já não é mais uma heresia. Tomando-se as devidas precauções, isso já faz parte da realidade.

Algumas leucemias que eram fatais hoje são curáveis; tumores inoperáveis hoje podem ser abordados, entre outras tantas novidades alvissareiras.

Cada vez mais o progresso da ciência e o trabalho interdisciplinar tenderão a apagar o fantasma do diagnóstico de um câncer.

Comecemos então assim: tratamentos atuais e integrados, boa rede de apoio, enfrentamento eficaz do estresse, coragem, BOA SORTE E LONGA VIDA!

Posturas como essas, acompanhadas de todo bom senso, nos ajudam a ser "pacientes" de verdade. Isto é, não fugir do mal, mas aguentá-lo de forma honrosa, sem ficar indevidamente tristes por isso, conforme sugere Santo Tomás de Aquino, para não deixar secar nossos ossos...

6
O INESPERADO

"Aquilo a que a lagarta chama fim de mundo,
o homem chama borboleta."
(Richard Bach)

Ele vê a vida com doçura, com pureza de olhar e coração. Consegue perceber, num minúsculo detalhe da natureza, a grandiosa maravilha de Deus. E daí a criar um grande e extraordinário texto é só mera questão de tempo.

Como é bom ter um pai poeta! Ele irradia amor, beleza, paz, esperança... Está sempre sorrindo, leva a vida como um rio que prossegue seu destino em demanda do mar. Nunca para, nem olha para trás e, sobretudo, nunca envelhece.

Como é bom ter um pai sempre jovem! Ele nos ensina que frutificar é ainda mais nobre que florir, pois a melhor parte da vida, a mais rica e abundante, é sempre a que há de vir. Ele percebe o sentido do infinito, descobre projeções e prolongamentos eternos em cada ação de amor e de bondade.

Como é bom ter um pai sábio! Ele, ainda e sempre, acredita no futuro promissor, enquanto "o mundo gira ao contrário", ou melhor, as pessoas o fazem adverso às melhores expectativas.

Como é bom ter um pai otimista! Poeta, eternamente jovem, sábio e irremediavelmente otimista.

Como é bom ter um pai que se chama João Batista Rodrigues!

Imagine conviver com uma pessoa dessas durante 40 anos e, de repente, ter de admitir sua partida. Aconteceu comigo.

Essa pessoa linda que descrevi acima é meu pai. O ano de 2010 foi derradeiro para ele. Estava bem "fragilzinho", tinha dores crônicas, trazidas de longa data, nem sei se bem compreendidas por nós. Seu velho coração, inchado há tanto tempo, decidiu parar. Passou o réveillon na UTI. Parecia anunciar que não só o ano estava acabando para ele.

Ficou por alguns dias bastante agitado. Precisou ser sedado. E isso me deixou muito triste porque, no único dia em que consegui ir vê-lo, só pude tocá-lo e beijá-lo. Não nos falamos. Tal quadro de agitação interferiu na data da realização dos procedimentos: a angioplastia e o cateterismo tiveram de ser adiados. Foram executados com sucesso no dia 5 de janeiro, pela manhã.

Minha mãe relata que ele estava lúcido, bem-disposto, sem queixas. Conversou com ela e com meus irmãos. Disse estar bem. Era a despedida. Por volta das 19h desse mesmo dia ele partiu. Foi-se o nosso poeta, o contador de causos, o tocador de gaita. Acabou o festival de rima. Vagou um lugar na escola do caráter e da simpatia. O catedrático na academia da humildade foi ocupar seu lugar de honra, galgado com maestria no cotidiano da sua longa vida.

Eu estava em casa, jantando, quando meu irmão e sua esposa chegaram com a notícia. Senti um aperto tão grande no peito, uma tristeza por não ter podido falar com ele nos dias em que esteve internado. Uma lacuna incômoda e dolorida. Chorava e falava ao mesmo tempo, lamentando a comunicação interrompida.

Já na casa da minha mãe, ela e minha irmã tentavam me acalmar, dizendo o que eu na verdade já sabia: em todos os momentos que pude, estive com ele; o que havia ocorrido era só uma contingência. Mas o meu coração me dizia haver uma fala ainda não dita: a conversa sobre o câncer.

Não foram poucas as vezes em que tive vontade de lhe contar o que ocorria comigo. Penso que, no fundo, ele sabia. Eu sempre procurei disfarçar meu estado. Aproximava-me dele com muita alegria e descontração. Mas, quando a situação estava muito difícil, eu nem ia a sua casa.

Havia um toque tão gostoso entre nós... Um abraço aconchegante e terno, que dizia tudo, mas sem pronunciar nenhuma palavra. Meu jeito de lhe pedir a bênção era sempre com um beijo no rosto. Ah! Que saudade! Hoje continuo a fazer isso, através da foto no porta-retratos.

Mas, enfim, como estava contando...

Meus irmãos cuidaram dos trâmites burocráticos e fomos para o velório.

Ao vê-lo, beijei-lhe novamente o rosto e lhe pedi a bênção. Conversei com ele, lembrando-me do texto de Santo Agostinho, "A morte não é nada", trazido a nós pelo Renato, quando da passagem da saudosa Tia Cida, irmã de meu pai.

Disse-lhe, clara e convictamente: "Sei que o senhor continua conosco, 'o fio não foi cortado', que apenas está 'do outro lado do caminho, vivendo no mundo do Criador', a quem o senhor exaltou tantas e tantas vezes em seus acalorados poemas do amor, nas suas mais variadas formas".

Por conta do tratamento quimioterápico, não pude ficar a noite toda no velório. Despedi-me dele e fui para a casa de um casal amigo. A madrugada me reservava uma surpresa agradabilíssima. Acordei por volta das 4h, sentindo a presença dele muito forte ali comigo. Senti seu abraço. Curti nossa conversa.

Sim. Foi um momento excepcional de diálogo, daquele interrompido e tão desejado por mim e certamente por ele também. Pedi-lhe desculpas por não ter falado sobre o câncer, justifiquei meus motivos e terminamos a conversa num abraço bem gostoso, que para mim significou: "Fique tranquila. Estarei sempre com você nesta e em qualquer batalha".

É indescritível o que senti depois disso. Limito-me a dizer que aquele contato me fez muito bem, a ponto de encarar com absoluta serenidade e mansidão tudo o que veio pela frente naquele dia tão intenso. Como era totalmente previsível, o velório dele foi bonito e sereno. Simples e repleto do essencial, como tinha de ser.

Padre Rodrigo, mais uma vez conosco, presidiu a celebração eucarística, ladeado pelo diácono Ney. Ficamos muito felizes por isso, afinal, durante toda a sua vida meu pai amou a Santíssima Eucaristia e se esforçou por participar dela o maior número de vezes.

E como não poderia deixar de ser, até no velório dele tivemos motivo para dar risada. Apareceram dois bêbados (que só depois ficamos sabendo que eram dois pedintes a quem ele sempre dava uns golinhos de café ou uns trocadinhos às escondidas) para interromper a fala do padre e cumprimentar o "Seu Joãozinho", como disseram, um tanto cambaleantes.

Chegou a hora da "última despedida". Aproximei-me dele, beijei-lhe o rosto, pedindo a bênção e reiterando a fala: "O senhor continua comigo. Só mudou o jeito de ficar...".

Tranquilamente, retirei-me, e esperei a hora da saída do cortejo e o enterro.

E até hoje é assim. E vai ser assim para sempre. Há a saudade do contato físico, obviamente, mas, ao mesmo tempo, sobrepõe-se a certeza da presença do "fio que não foi cortado".

7
MINHA FÉ ME CONTA

"Via crucis, via lucis."
"O caminho da cruz (é) o caminho da luz."
(Ditado medieval)

Ouvi dizer que Deus é processual. E é mesmo. Didaticamente processual. Constantemente, ele nos convida a fazer nossa caminhada e nosso êxodo. É durante esse processo que vamos aprendendo com Deus sem, talvez, nos dar conta disso.

Em minha experiência com o câncer, a percepção sobre essa dinâmica do meu Criador e sua pedagogia ficou mais aguçada: ele me protege com sua graça, mas preciso fazer minha parte. Lembrei-me de Abraão e sua trajetória, mostrando o agir cuidadoso de Deus que o desafiou a manter-se sempre alerta para que a promessa divina pudesse se cumprir.

Na atitude de obediência e confiança absolutas a Deus, o grande patriarca sinaliza o modo como devemos nos relacionar com Deus: seguros na sua proteção, mas jamais acomodados.

Sei que a história da minha salvação é diária. Mas também sei que a minha identidade é celeste, divina. Por isso, quero ser fiel, dia após dia, ciente das contrariedades inerentes à minha vida, das quais não posso fugir. Sei que preciso passar por um processo, assim como Jesus também passou. O aprendizado que vem com a doença que enfrento é tão real quanto pungente. Penetra o meu íntimo, recria meus atos e reorganiza meus pensamentos.

Lembro-me das sessões de quimioterapia. Na época, obviamente, o pensamento e o corpo não estavam em sintonia. Os enjoos, o cansaço grande nas pernas e a fadiga não deixavam meu raciocínio caminhar no compasso almejado.

Fica tudo confuso, sabe? Quantas vezes experimentei aquela sensação de "Pare o mundo que eu quero descer!". Mas, em nenhum momento, deixei de fazer o que me cabia.

E como as sessões eram em ciclos de três em três semanas, quando parecia que estava começando a "entrar nos eixos", vinha a preparação para o próximo "bombardeio" e bagunçava tudo de novo. Alguém ainda duvida que combater o câncer é uma guerra?!

"Positivo e operante! Sempre a postos!", estive e continuo em processo de luta e aprendizagem. Registrei, por escrito, várias passagens desse processo e, quando as releio, vejo o quanto cada detalhe influi na minha melhora como pessoa, esposa, mãe, profissional...

O exercício de paciência (esperar, por exemplo, a liberação da cirurgia pelo plano de saúde, cuja validade teria de coincidir com a agenda dos dois cirurgiões, o oncológico e o plástico), o treino de equilíbrio no manejo com a minha família (Ah! Quantas vezes me desequilibrei!), a experiência de recuperar a automotivação e o interesse pelas coisas que me fazem ser quem sou...

São as marcas registradas da minha trajetória, mostrando o cuidadoso agir de Deus em mim e desafiando-me a manter-me sempre alerta na espera da sua promessa. Afinal, uma identidade celeste que se preze não fica presa às "coisinhas" aqui de baixo. Minha fé me conta e minha alma israelita me ajuda a lembrar sempre disso. O caminho da cruz é o que leva à luz da ressurreição.

Recordei esta grande verdade de forma bem intensa na *semana maior* da minha fé. Dias muito proveitosos de recolhimento e oração, que culminaram na grande Vigília Pascal.

Eis como a apreendi: acabara de participar da festa mais bonita da minha fé. O deformado, o escarnecido, o humilhado tem agora a forma mais sublime! É o Ressuscitado, o vencedor, o soberano! Toda sujeira, toda doença pecaminosa foi lavada com seu sangue precioso, para nos deixar como dádiva a alvura do céu e a saúde da Graça.

Fui convidada a cantar o *Exulte* junto a todos os meus irmãos de fé. Que maravilha! Eu cantava com tanto gosto e vontade! Era como se minhas cordas vocais estivessem sendo conduzidas pelo meu coração.

"Passeei" pela história da minha salvação através das nove leituras proclamadas. Catequese pura! Pude constatar mais uma vez a loucura de Deus por nós... Por isso nosso *Glória* deve ser tão vibrante como foi.

Sentia minhas palmas nas palmas de toda a assembleia, já que não podia batê-las. Mas o meu coração vibrava junto com todos. E também em conjunto ele silenciou para ouvir a pregação do nosso pastor, inspiradíssimo como sempre, especialmente nesse dia.

Fomos convidados a recordar o dia do nosso Batismo, sinal da nossa filiação divina, por meio de Jesus Cristo; símbolo do carinho e cuidado de Deus por nós, através de nossos pais e padrinhos; abraço divino, universal. Pertencemos a uma só família: a Igreja Católica Apostólica Romana.

Todos os que me conhecem sabem o quanto gosto de proclamar e viver esta verdade! É por isso que não hesitei em afirmar que iria, sim, a essa celebração, não obstante ter passado por recente cirurgia.

Deixar de comparecer à mais bela e importante cerimônia da minha Igreja não constava nos meus planos. Ainda mais nesta época em que Ressurreição e Vida são a tônica do meu dia a dia, engendrada pela teia da Esperança, vivenciada na Quaresma, que este ano teve um significado muito singular para mim, obviamente.

Aliás, contabilizei de modo diverso esse tempo. Afinal, desde a descoberta do câncer até aquele instante, vivi o recolhimento típico de uma Quaresma. Procurei aplicar a didática dessa época tão rica de significados e absorver ao máximo os resultados que dela provêm, se bem vivida.

Fazendo o êxodo que me foi proposto, sinto a mão de Deus erguida. Atravesso a pé enxuto, sem me inundar nas águas da murmuração e da melancolia.

Vivo a experiência da entrega total a Deus. Minha vida em suas mãos, numa espécie de devolutiva, como Abraão fez com seu filho. Busco o caminho do meu Senhor "enquanto pode ser achado", experimento sua misericórdia e compaixão revestindo de jaspe minhas fortificações.

Por isso, sou tomada por uma autêntica alegria portadora de vida, de onde vêm fortaleza, inteligência, brilho nos olhos e paz.

Meu Senhor é vivo! E tenho uma aliança com ele! Recebo-o diariamente – e o recebi de modo especial naquele dia – na Santíssima Eucaristia. Minha alma está, portanto, em constante posição de combate. Não tenho o que temer. Minha Páscoa é todo dia. Minha estirpe divina não contempla "choramingos" aos quatro cantos, pelo meu calvário. Admite, sim, absorver da minha cruz o que é mais sublime, e é o que me capacita a enxergar centelhas de Ressurreição em gestos e atitudes, ordinários ou extraordinários, que circundam meu dia a dia: um movimento novo que consigo executar com meu braço dolorido, porque esvaziado dos linfonodos; um pensar e agir de modo diverso ao de antes, que me aproximam de meu esposo e nos trazem paz; um boletim recheado de boas notas apresentado por meu filho, independentemente de eu poder acompanhá-lo ou não nos estudos...

Centelhas de ressurreição. Provas de que estou na vida, viva, porque em relação direta com aquele que não morre, aquele que é a própria Vida!

8
DEFORMA PRIMEIRO, DÁ FORMA DEPOIS

> "Pra arrumar, tem que bagunçar",
> sentencia minha mãe.

Responda rápido: que ligação há entre fazer trancinhas na criança de três anos, cortar as próprias unhas das duas mãos e preparar o próprio prato de comida? Difícil saber? Não se você tiver sido operada(o) recentemente de câncer de mama, tiver seu braço "deformado" pela retirada dos tais linfonodos e ainda estiver há quase um mês longe da sua casa e da sua rotina.

Percebeu agora que este é o capítulo da cirurgia? Isso mesmo. Eu o vivi durante três semanas. Fui internada na véspera (quase me senti um peru – ou uma perua, para não fugir da concordância). Findos os seis ciclos da quimioterapia, diminuído o tumor para menos da metade (de 25 mm para 11 mm), e passados seis meses do diagnóstico, lá estava eu para vencer mais uma etapa. Ah! Como desejei não passar por isso! Tanto que nutri durante alguns dias – entre refazer os exames, mamografia e ressonância, e receber os resultados – um fiozinho de esperança de que não fosse necessária a cirurgia.

Afinal, a médica lá na clínica comentou: "Que progresso! Nem sei o que os médicos irão fazer nessa cirurgia!".

Gente, como me agarrei a esse comentário! Como desejei que, ao mostrar os exames aos doutores, eles dessem a sentença tão esperada: "Não será preciso cortar. O tumor sumiu", ou coisas do tipo...

Mas... no fundo sabia que era falsa essa esperança. Tudo bem, vai! Foi só um pequenino golpe na guerreira... A luta continua, companheiros!

Chegou o dia 16 de março. Coincidentemente seis meses "cravados" da confirmação do diagnóstico.

Reuni minhas forças (que na verdade são de Deus), pensei muito nos meus filhos, no meu marido, em tudo que ainda quero viver com eles e fui para o centro cirúrgico. Que esquisito entrar e "andar" de elevador em cima de uma maca!

A espera foi longa demais. Provavelmente só do meu ponto de vista. Mas que foi longa, foi!

Sala 1, sala 2, sala 2,5... Lembro-me de que numa delas o Dr. Wilton entrou, me cumprimentou e disse que estava só esperando o cirurgião plástico, Dr. Paulo, chegar. Recordo-me do anestesista cumprindo sua tarefa. E muito bem. Quando dei conta de mim mesma, já estava no quarto da enfermaria. Sem dor. Bem-disposta. Acompanhada pelo meu marido e por uma bolsinha um tanto incômoda: o dreno suctor.

Fiquei pouco tempo lá. Menos de 24 horas. Os dois cirurgiões foram me ver, constataram que estava tudo em ordem e me liberaram já na quinta-feira.

Minha mãe estava com tudo preparado para me acolher em sua casa, especialmente em seu coração. Porém, psicologicamente, ela não estava bem. Tudo que passou com a doença e o falecimento do meu pai, a preocupação comigo, além da segurança e força que quis transmitir a nós todos, fez com que ela adoecesse. Eu não sabia, mas, na véspera da minha internação, ela tinha passado mal.

Recebeu-me com todo o carinho e alegria, disfarçou sua saúde alterada, fez tudo por mim: banho, curativo, comidinha... Mas logo comecei a perceber que ela não estava bem. Conheço aquele olhar apertadinho, sinal de indisposição. Meu marido quis levá-la ao médico. Ela recusou. Só que no sábado, de manhã, a coisa piorou. Aí ela concordou em ir à consulta. Era dia de seu aniversário. Márcio, meu irmão, a conduziu.

No domingo, não obstante o uso dos medicamentos recomendados pela doutora, a apatia insistia em permanecer. Preocupava-nos demais ver aquela baixinha tão "apagadinha".

Contudo, como Deus cuida sempre de nós, a solução chegou nesse mesmo dia, à tarde. Nosso amigo e pároco, padre Rodrigo, veio nos visitar e com ele trouxe uma bênção especialíssima para ela. Mais uma vez pudemos constatar a fé que essa criatura tem por Deus.

Lembro-me, nítida e admiradamente, da forma como ela se dirigiu ao padre, invocando a bênção. E, por providência, naquele dia ele celebrava seus sete anos de ordenação sacerdotal.

É maravilhoso relembrar a expressão de alegria e vigor que, a partir daquele momento, retornaram à minha mãezinha. E a satisfação dela em contar para todo mundo o que aconteceu? É contagiante!

Esse foi mesmo um dia para lá de especial. Sem falar na parte cômica dessa visita. Explico: somos, como já disse, uma família simples, interiorana, de hábitos antigos bem preservados, tais como reunirmo-nos aos domingos, preferencialmente na casa de meus pais, e a cada domingo um dos filhos se responsabilizar pelo almoço – somos quatro, dá certinho; não deixar uma visita ir embora sem tomar um café bem caprichado... Pois bem, era domingo. Estávamos todos na casa de minha mãe. E recebemos visita. Certo? Mas não era qualquer visita. Era a presença de um sacerdote. Todos nós – pela formação que tivemos dos nossos pais, pelas várias experiências já vivenciadas de outras visitas sacerdotais (principalmente lá nos Marins) – temos incutido o jeito cuidadoso e respeitoso com que se deve receber um ministro ordenado.

Mas que foi engraçado, foi! Um verdadeiro exército de gente mobilizada para ajeitar tudo nos mínimos detalhes: as melhores xícaras, o melhor biscoito, a jarra mais chique para o suco mais bacana... E tudo sem um barulhinho sequer para o nosso padre não perceber nada; ninguém quis incomodá-lo. Ele estava sentado bem próximo ao armário onde minha mãe guarda as coisas mais "chiques" para essas ocasiões especiais. Então, enquanto ele e eu conversávamos, todos os demais saíram "a campo" (leia-se: casa do João Marcos) para preparar tudo.

Até me espantei quando chegamos à cozinha: toalha nova, porcelana chinesa, jarra de vidro e outros mimos... Rapidez e eficiência nota mil!

Sem nenhuma cerimônia – afinal ele também tem um jeito simples –, Padre Rodrigo tomou um pouco de suco, despediu-se e foi embora.

Ficamos: nós, a mesa "chiquérrima" e muita gargalhada. Cada qual reproduzindo a sua "façanha" e se deliciando com as gostosuras postas. Foi divertidíssimo. Fez muito bem para todos nós, especialmente para mim.

À noite desse mesmo dia, precisei ir ao hospital. O dreno estava obstruído. Por sorte, o procedimento foi bem rápido e voltei logo. A semana seguinte foi de visitas aos dois médicos para acompanhamento. Tive pouca dor; o que mais me incomodou foi o dreno, retirado após sete dias.

A partir daí é que a coisa complicou. Eu não tinha noção de quanta dor iria sentir no braço e na axila. Por causa da necessária retirada dos linfonodos, essas regiões ficam extremamente sensíveis, intocáveis. Qualquer movimento me custava muito. Era analgésico de seis em seis horas, humor alterado e um desejo grande de não ser mexida. Houve dias em que não queria nem tomar banho.

Na mama, propriamente dita, quase não senti dor. E olha que o corte foi bem grande! Foi realizada em mim uma centralectomia, pois o tumor estava localizado atrás do mamilo. O corte é semelhante ao de uma cirurgia plástica.

Pessoas vinham me contar de outras que também passaram por esse procedimento doloroso. Esforçavam-se em me ajudar, claro. E eu acolhia os "depoimentos", tentando me consolar.

Minha irmã, sempre muito cuidadosa comigo, pesquisou na internet e me avisou que, de fato, aquela dor fazia parte do processo e que era recomendada fisioterapia como auxiliar no tratamento. Essa informação foi reiterada pelo Dr. Paulo, que me encaminhou para drenagem linfática aliada à fisioterapia motora, a que dei início quinze dias após a cirurgia.

A Alessandra e sua equipe – tão simpáticas quanto competentes – ajudaram-me muito. Depois de vinte e cinco sessões, meus movimentos estavam praticamente intactos de novo. A dor diminuiu de forma considerável, a ponto de, em alguns dias, até me esquecer dela.

Tem um provérbio popular que diz: "A boa vontade faz o longe virar perto". É isso mesmo! A minha vontade de sarar, aliada à delas, de me ajudar, é tão grande que está cada vez mais perto a minha inteira e completa recuperação.

O resultado da biópsia feita no material retirado na cirurgia foi excelente e já estou entrando na terceira fase do tratamento: trinta e três sessões diárias de radioterapia, mais dezoito aplicações de três em três semanas de um anticorpo monoclonal, adjuvante. Tratamento de primeira linha!

As ondas de calor acabaram, os ovários voltaram à ativa e menstruei novamente, depois de uma interrupção de sete meses. Os cabelos e o vigor físico-mental estão regressando: retornei às caminhadas diárias de trinta minutos, à dieta balanceada, e necessária. Quero eliminar, ao menos, dez quilos! Eu e minhas roupas consideramos que setenta e cinco quilos é muito peso para uma pessoa só, do "alto" de seu 1,65 m.

Gente, barrinha de cereal – feita por mim e por minha mãe, claro – e pão integral são as coisas mais gostosas deste mundo!

Além do mais, preciso deixar meu coração bem forte, pois, como o Dr. Oziris avisou, a medicação que usarei diminui a força cardíaca de 5% dos usuários. E logicamente não serei eu a engrossar esta estatística, não é?

Fisicamente, portanto, estou cada dia melhor.

A cicatrização da mama está ótima. Embora a simetria entre as duas esteja um tanto "comprometida" (costumo brincar que agora tenho uma de 20 e outra de 40 anos), minha irmã me ajudou a "remediar" com prótese. Ficou bem simpático; engana bem, sabe? Ainda há os lenços que, outrora usados na cabeça, agora desceram para o pescoço, ajudando a disfarçar e dando um charme a mais à minha pessoa.

E posso afirmar que, na mesma proporção do esforço para cuidar da parte física, está o cuidado com o aspecto psicológico. Assídua às sessões semanais com a Áurea, minha psicóloga, tenho apreendido relevantes elementos que me têm capacitado a saltos consideráveis na minha trajetória reinventiva. Voltar gradativamente para casa está tendo um significado bem particular para mim.

É o símbolo do retorno para mim mesma e para minha família. Lembrando que a palavra "símbolo", de origem grega, nos remete a "reunir as realidades, congregá-las a partir de diferentes pontos e fazer convergir várias forças num único feixe". Encontrei essa definição na apostila de Ensino Religioso do meu filho. Gostei muito.

Tomo posse dessa simbologia porque é exatamente isso que sinto: um desejo grande de convergir minhas forças rumo a um objetivo bem claro, que é dar forma nova a meus relacionamentos, tanto comigo mesma quanto com os meus familiares. Corrigir as deformações, arrumar a casa... Tenho essa chance e não vou deixá-la passar.

Diante de tudo que tenho vivido, fiz a seguinte inferência sobre o câncer: há os que morrem por causa dele; há os que vivem após ele ter sido curado e existem aqueles que passam a viver melhor depois dele. Enquadro-me nesta última categoria.

Lembro-me de um comentário feito pela Ana, ao telefone, poucos dias após minha cirurgia, referindo-se à minha mama. "Fique tranquila. No início fica bem deformada mesmo; mas devagarzinho vai tomando a forma certa."

Fixei-me naquelas palavras (sábia Ana!), delas fiz um "mantra", traduzido em máxima propagada aos quatro cantos, interna e externamente, tanto no sentido próprio quanto no metafórico: "Deforma primeiro, dá forma depois!".

Sim! Porque quero os frutos possíveis de minha história com o câncer. Não fui deformada à toa. Tanta reviravolta, confusão e sofrimento ganharão propósito, terão significado, serão símbolo.

Quero a forma da reconstrução, da reinvenção de mim mesma, da casa arrumada. Apesar do furacão e através dele. Afinal, sou filha do Ressuscitado, daquele que extraiu do maior mal o Bem Supremo.

Considero-me já curada. Digo isso às minhas células todos os dias, louvando e bendizendo ao meu Criador por tudo e, ao mesmo tempo, fiel a toda e qualquer etapa do tratamento a seguir.

E obviamente há agora uma "leveza" em cumprir os "rituais" necessários. Digo sempre: "O pior já passou".

Nem mesmo a burocracia do convênio médico é mais tão desgastante assim!

Estive em consulta de acompanhamento com o cirurgião plástico, Dr. Paulo. Passados já setenta e cinco dias da incisão, a cicatrização está excelente. A mama de 20 "vai muito bem, obrigada", seguindo a lei da gravidade. "E vai 'descer' ainda mais", garantiu o doutor.

Estou muito contente com o resultado, com a forma, ao ponto de, desta vez, conseguir colocar mais atenção à fala do médico ao se referir à reconstrução do mamilo perdido. Coisa para o próximo semestre, muito provavelmente. Assim como já começo a admitir pensar na correção da outra mama, em busca da simetria.

O chato desta parte da história é constatar que, absurdamente, o convênio médico não costuma arcar com essa despesa, porque "não é a mama direita que está doente". Briga judicial à vista, pelo jeito! Mas não agora. Agora minhas energias estão voltadas para a radioterapia e a aplicação do anticorpo. Tudo tem seu tempo. Prefiro assim. Penso que é mais produtivo desse modo. Estratégia de combate, entende?

E, seguramente, o resultado positivo advindo das pequenas grandes vitórias alcançadas até agora corrobora essa atitude. Não é por acaso que fiz trancinhas na "filhota", cortei minhas próprias unhas, preparei meu prato, e obtive excelente resposta patológica diante da biópsia... É tudo sinal de muita luta, de convicção pura: deforma primeiro, dá forma depois!

9
À MARGEM, AVANTE!

> "Reza, mas não deixe de remar para a margem."
> (Provérbio russo)

Circula na internet um texto bem curioso sobre o interesse dos japoneses por peixes frescos e as estratégias adotadas por eles para continuar obtendo tal "iguaria" da forma como a consideram mais saudável.

Dotado de forte apelo motivacional, o referido texto traz grandes amostras de empenho e coragem misturadas à dinâmica dos acontecimentos que revelam organização, determinação e persistência frente a um objetivo.

Não à acomodação. É a mensagem principal, quando o escrito nos instiga a "pôr um tubarão em nosso tanque".

Na doença, também corremos sério risco de nos acomodar. Por medo, fragilidade, culpa... Desde o início, decidi que não seria esse o meu caminho. Meu "arrumar de casa" seria empreendido pela via da perseverança, da coragem, da teimosia.

Resiliência. É o nome chique usado com assiduidade hoje em dia para designar essa arte de navegar em meio à tempestade rumo à margem, enfrentando os obstáculos, buscando ativamente as mudanças necessárias, com organização, perspicácia e fé.

Originário do latim, *resilio* (ser elástico), emprestado da Física, é definido como a capacidade de uma substância retornar a sua forma original quando removida a pressão. O termo "resiliência" encaixa-se perfeitamente no meu vocabulário ativo.

Diante do "tubarão" colocado no meu tanque (ou do furacão invasor da minha casa), passado o susto inicial, organizei-me, busquei recursos, habilidades e destrezas que aprimorassem minha competência a cada dia.

Lancei mão dos meus "tutores de resiliência". Sim, porque também não se pode ser resiliente sozinho. Há que se ter apoio e acolhimento dos membros de sua rede pessoal e social, meus combatentes, competentes guerreiros, lembra?

É claro. Se o "tubarão" ataca por todos os lados (mudança total na rotina de vida, doença e falecimento do meu pai, dor no braço esvaziado dos linfonodos, necessidade de repouso para que ele não inche; ao mesmo tempo, obrigatoriedade de atividade física para emagrecer e fortalecer o coração... Cansaço e fadiga pela "químio" e pela radioterapia, ondas de calor, alteração da libido, burocracias de convênio médico, limitação das atividades junto aos filhos – não poder, por exemplo, segurar minha filhinha nas suas primeiras tentativas de andar de bicicleta..., preciso armar-me também em todas as áreas, certo?

Esta é outra característica do resiliente: ver o problema de vários ângulos diferentes, ler o que não está escrito, saber fazer análises, comprometer-se com sua ação em uma nova dinâmica de vida. Reinventar-se, transformar comportamentos negativos em novas possibilidades, encontrando motivos que favoreçam a descoberta de valores por trás da dor e além dela.

Ideia ancorada na intensidade de minha realização interna de sentido. Porque minha vida, embora permeada de sofrimento, não perdeu o sentido, não obstante ter seu prazer reduzido.

Sempre afeita ao atributo da reflexão, encontrei – agora com a realidade do câncer – a possibilidade de reavaliar minha vida, potencialmente geradora de uma experiência harmônica e equilibrada junto a mim mesma e extensiva aos outros.

O livro da Sabedoria (Sb 17,11-12) me adverte: "... o medo é apenas a falta do socorro que vem da reflexão: quanto menos reflexão interior tivermos, mais alarmante parecerá ser a causa oculta do tormento".

Padre Fábio de Melo sugere a filosofia clínica. E sentencia: "... a reflexão consegue dar um sustento muito interessante ao nosso processo humano, afinal, ela abre portas que até então estavam fechadas. Ao vislumbrar novas possibilidades de interpretar o fato, o ser humano descobre um jeito interessante de neutralizar o pensamento que antes o oprimia. E nisso há um poder curador".

Acontece um reordenar de ideias, uma purificação, um acender de luz num quarto escuro, usando a metáfora sugerida pelo referido padre, que apresenta calma, paciência e lucidez como requisitos essenciais para que tal análise reflexiva seja coroada de êxito – e "assino embaixo".

Desde o dia da confirmação do câncer até agora, tenho experimentado essa dinâmica como a mais proveitosa e menos dolorida.

Na hora em que o desespero vem me rondar, primeiro me jogo nos braços do meu Salvador e, ciente da minha fraqueza humana, choro bastante, para lavar a alma e conseguir organizar as ideias com coragem e amor, acompanhados de alegria e prazer. Quando percebo que consegui dominar essa ou aquela situação que me aflige, sinto uma satisfação muito grande. E grito: "Bingo! Venci mais uma!".

Fiz as caminhadas, eliminei os quilos propostos para o mês, consegui realizar o movimento novo – sem dor – indicado pelos fisioterapeutas, tive disposição física para realizar algumas tarefas em casa, experimentei a melhora no meu relacionamento com meu esposo, tive equilíbrio para lidar com meus filhos, enfrentei com paciência e sabedoria os inconvenientes de longas esperas no hospital e nas clínicas...

Recordo-me agora daquele marcante episódio da realização da ressonância em São José dos Campos, que já citei.

Intuitivamente já naquele dia preparava meu espírito e minha mente, sem nenhuma dúvida. Tudo que decorreu comigo até agora é reflexo da postura adotada na ocasião: rezar, mas sem deixar de remar para a margem. O "eu sou eu e minhas circunstâncias", de Ortega y Gasset, ecoa em mim como mola propulsora. Aliás, a referência à mola é muito propícia quando falamos de resiliência.

O impacto da adversidade faz a pessoa "deformar-se", como a mola ao receber uma pressão. Todavia, ao superar o sofrimento, a pessoa "salta", superando o que a ameaça e comprometendo-se em nova dinâmica, nova "forma". Deforma primeiro, dá forma depois, certo?

Assim, uma queda não passa de simples tombo para me dar novo impulso a levantar e seguir em frente. O revés vira desafio; a tristeza, aprendizado; e a derrota temporária gesta a vitória permanente, como ter que me deparar com a volta das ondas de calor (em plena friagem de inverno) e a suspensão da menstruação. Tudo de novo! Reação ao Tamoxifeno, medicação via oral iniciada três meses após a cirurgia e que deverá ser contínua nos próximos cinco anos.

Com autonomia e confiança, busco sempre reconhecer a verdadeira dimensão do problema e as possibilidades de enfrentamento para estabelecer metas para sua resolução, corrigindo os erros e defendendo os acertos.

Estratégia de guerra, mesmo! Saber a hora certa de avançar e de recuar. Autopreservação! Combater o bom combate! Sem passividade nem acomodação. *Non ducor, duco*, ou seja, não sou comandado, comando.

O sucesso do meu êxodo não comporta comodismo. Contempla, sim, criatividade, aprendizado, superação, crescimento. Como no dia em que, sem poder realizar minha caminhada necessária, por estar gripada e o tempo ter mudado tanto a ponto de nem poder mandar minha filha à escola, resolvi a questão da seguinte maneira: liguei o DVD da *Galinha Pintadinha* e pus a me exercitar junto com minha pequena. Foi divertidíssimo! Quarenta e cinco minutos de pura diversão, alegria a mais e calorias a menos, certamente.

Amadurecimento. Em verdadeira experiência de garimpo, a de encontrar a pedra preciosa no barro, retomando Padre Fábio de Melo, que afirma: "Reconhecer o sofrimento verdadeiro, aquele capaz de nos fazer crescer, é reconhecer diamantes em meio aos cascalhos".

Tarefa árdua, mas muito proveitosa. Conduz "à margem", certamente! Convida à ação, para além da dor e apesar dela.

Como sabiamente nos exorta Madre Teresa de Calcutá: "Enquanto estiver vivo, sinta-se vivo. Se sentir saudades do que fazia, volte a fazê-lo. Não viva de fotografias amareladas. Continue, quando todos esperam que desista. Não deixe que enferruje o ferro que existe em você. Faça com que, em vez de pena, tenham respeito por você. Quando não conseguir correr através dos anos, trote. Quando não conseguir trotar, caminhe. Quando não conseguir caminhar, use uma bengala. Mas nunca se detenha".

À margem, avante!

10
INVERNO EM MIM

"Não se viam as plantas cobertas pela neve.
E o lavrador, dono do campo, comentou jovialmente:
'Agora crescem para dentro'.
Pensei em ti, na tua forçosa inatividade.
Diz-me: também cresces para dentro?"
(Josemaría Escrivá)

Continuo muito atenta às minhas estratégias de combate. Empresto da natureza mais uma. A sabedoria da árvore diante dos rigores do inverno: concentrar toda a sua energia nas raízes, prendendo-se ao essencial, vital. Crescer para dentro. Condição *sine quae non* para a vitalidade futura de suas folhas, flores e frutos.

O câncer transforma a vida da gente num inverno (veja bem: *inverno* e não "aquele lugar" que dizem que é cheio de boas intenções...), com todas as agruras que lhe são próprias.

Então, se há inverno em mim, não posso perder tempo com coisas aparentes. Preciso cuidar primeiro da minha essência. Tenho que crescer para dentro, criar uma intimidade saudável e curativa, porque profunda e alicerçada num processo de prostração diante do meu Criador.

Lembro-me muito do Padre Léo nessa hora. Numa de suas belíssimas pregações ("Como bambus no Getsêmani", baseada em Mt 26,36-46), ele nos convida à reflexão: se até Jesus, que sentiu tristeza tão profunda transformada em angústia, a ponto de suar sangue (o corpo somatizou a tristeza), decidiu se afastar para orar, o quanto nós, então, precisamos nos afastar?!

E, com a autoridade que lhe é peculiar, Padre Léo dispara a pergunta, emendada à sentença: "Quantas vezes você se prostrou com o rosto no chão para suplicar por si mesmo, por sua família e seus problemas? Precisamos nos convencer de que estamos numa guerra. Quem não se prostra diante de Deus, prostra-se na vida, de onde vêm desânimo, apatia, falta de sentido para a vida...".

Tenho verdadeiro horror a essas coisas e não as quero para mim. Nunca quis. Portanto, minha atitude diante da realidade do câncer foi, desde o início, respeitosa, clara e objetiva. Prostrar-me? Só diante de Deus! Porque quero crescer por dentro. É a oportunidade que tenho de melhorar, de tornar minha alma mais enriquecida, porque sofrerei com sabedoria.

Apego-me à indagação – já provida de resposta – feita por Santo Agostinho: "Não temos, então, medo de fraquejar?

Por quê? Porque invocamos o nome do Senhor. Como venceriam os mártires, se neles não vencesse aquele que disse: 'Alegrai-vos porque eu venci o mundo'?".

Claro que não é tarefa fácil. Meu caminho também tem as agruras, fadigas e os questionamentos que permearam a travessia dos hebreus, rumo à Terra Prometida. Como eles, também experimento a misericórdia e a consolação de Deus, de tal modo que "exulto de alegria no Senhor; a minha alma rejubila no meu Deus" (Is 61,10).

E como filha da filha excelsa deste povo – Maria, que proclamou: "O meu espírito se alegra em Deus, meu Salvador", e profetizou recompensas ao cantar "... a sua misericórdia se estende de geração em geração sobre os que o temem" –, só posso testemunhar a alegria da comunhão com o meu Senhor e Salvador, fonte de amor e força a me suster.

É isso! Nos momentos de provação, a saída é voltar aos fundamentos da nossa fé para reencontrar as razões da nossa esperança e a força para seguir caminhando.

Lembro-me agora do sonho que tive (dos pouquíssimos de que me recordo) dois dias depois da confirmação do câncer: a Palavra de Deus trazida a mim por meio de conversa tão frutuosa com o estimado Padre Lukas. Era um trecho da Carta de São Paulo aos Romanos (Rm 5,3-5), aquele em que ele traz a afirmação de que, justificados pela fé em Jesus, estamos em paz com Deus, de forma a começar a viver a esperança da salvação em meio a uma luta perseverante, presa na certeza, assegurada pelo Espírito Santo que nos foi dado.

A última frase dita pelo meu querido sacerdote no sonho ecoa no meu coração todos os meus dias de batalha: "Fique em paz. A esperança não decepciona".

Há ainda tantos outros episódios em que Deus se utilizou de seus instrumentos para me acalmar com sua Palavra. Como no dia em que meu primo Carlito, vindo com seus pais para me visitar, encontrou-me apática e chorosa. Estava péssima naquele dia. Recém-operada, o braço doía tanto! Só não doía mais que a saudade do meu pai... Providencialmente, meu primo tinha-me trazido, por escrito, a mensagem que eu precisava, referindo-se novamente à esperança e perseverança por meio dos escritos de São Paulo.

Ou no dia em que estava tristinha por me ter decepcionado com a atitude de uma pessoa do meu recente convívio, a quem anteriormente tinha demonstrado compaixão diante da situação difícil que ela enfrentava... (eu e essa minha mania de criar expectativa sobre os outros... Ah! Ainda vou me curar disso...). Pois bem! Estava eu tristinha (bobinha!) em casa e a Lu chegou trazendo-me Jesus Eucarístico. Foi bênção mais uma vez. A Palavra daquele dia era aquela em que Jesus diz para fazermos aos outros somente aquilo que gostaríamos que fizessem a nós mesmos. Pronto! Foi o que bastou. Entendi tudo. Parei de lamentar a atitude da pessoa e ratifiquei a certeza de que o importante é a minha atitude. Não posso responder pela dela. Além do mais, o que para mim soou como indiferença pode nem ter sido voluntário.

E são tantas outras situações que me alertam para manter firme o olhar no autor da Promessa e caminhar na esperança, como se visse o invisível, ao jeito de Moisés, como fala São Paulo na Carta aos Hebreus.

E o requisito principal? A vigilância interior do coração. Sim – afirma o Papa Emérito Bento XVI –, "Deus pode alcançar-nos, oferecendo-se à nossa visão interior". Cuidemos, portanto, para não cedermos "à forte pressão das realidades externas, das imagens e das preocupações que enchem a alma". E o Sumo Pontífice continua a nos alertar, enquanto nos questiona: "... Quem vela, na noite da dúvida e da incerteza, com o coração acordado em oração? Quem espera a aurora do dia novo, tendo acesa a chama da fé? A fé em Deus abre ao homem o horizonte de uma esperança certa que não desilude; indica um sólido fundamento sobre o qual apoiar, sem medo, a própria vida; pede o abandono, cheio de confiança, nas mãos do Amor que sustenta o mundo" (Homilia da Santa Missa no Santuário de Fátima, em 13/5/2010, durante viagem apostólica a Portugal no 10º aniversário da beatificação de Jacinta e Francisco).

Por isso me prostro mesmo diante de Deus. Derramo minha alma na sua presença. Celebro as vitórias. Uma etapa por vez. Cada problema superado é um nó a mais para me sustentar, assim como os nós que dão resistência ao bambu, sendo que até ponte os chineses fazem com ele, como nos lembra Padre Léo.

E vou fazendo dos nós uma amarra para dar mais resistência ainda.

Trago agora um exemplo dessa empreitada. Um dia cheio de nós e de aprendizado: 22 de junho de 2011. Que dia!

Sabia que a agenda desse dia era bem "cheinha" (consulta com Dr. Oziris, aplicação do anticorpo e radioterapia), mas não imaginava o que me aguardava. Cheguei ao hospital às 11h30 e saí às 18 horas.

A oncologia estava "bombando". Tinha gente esperando no corredor. Ainda não havia visto isso lá. Para a consulta, aguardei pouco tempo, em vista do que vinha pela frente.

Entrei no consultório feliz da minha vida, exibindo o meu troféu: um papelzinho onde pedi à enfermeira que anotasse meu peso: 72,1 kg. Bingo! Em 45 dias, havia conseguido eliminar 3,5 kg! Veja bem: eu disse *eliminar*. Não disse *perder*. Ponho toda atenção a esses detalhes de ordem neurolinguística, pois, se digo que perdi os benditos 3,5 kg, corro o risco de achá-los daqui a um tempo e, de maneira alguma, desejo esse reencontro.

Pois bem! Cheguei à consulta. O doutor me deu os parabéns pelo feito. Afinal, ele é um dos meus maiores incentivadores. "Não coma!" é uma de suas máximas, como já contei.

Perguntei sobre o resultado do exame de imuno-histoquímica feito com material coletado na cirurgia. Decifrando os termos técnicos, apoiado no significado de cada palavra (do jeito que sempre gosto de fazer), ele me apresentou a novidade: o carcinoma ductal invasivo, aquele que sai dos ductos mamários, fazendo os estragos que lhe são próprios, de fato não existe mais. Porém, há o *in situ*, ou seja, o tumor – maligno ainda – cujas células podem vir a sair dos ductos e trazer o câncer de volta. Para isso não acontecer, tamoxifeno nele! Durante cinco anos, todos os dias. E reduzir pela metade a possibilidade desse retorno mais do que indesejável!

Então, a luta continua, companheiros! Cuidado redobrado para não engordar, por conta desse remédio também. Mais força de vontade, mais planejamento, mais olhos (e boca!) fechados para as guloseimas.

Na última semana, havia deixado de fazer a caminhada. Sentia muito cansaço após o início da radioterapia. Contei ao doutor e ele me disse que a radiação também alcança o pulmão e isso explica o cansaço. Sem falar na gripe que havia mais de duas semanas insistia em me acompanhar.

Estava achando tão difícil ir à radioterapia (muito embora a equipe do Dr. Lucas seja excelente), enfrentar a espera para o atendimento, deitar-me diante daquela máquina enorme e encará-la! Desde o primeiro dia, quando da assinatura do termo de consentimento em que a gente precisa dar ciência de todos os efeitos possíveis da radiação... Ah! Senti uma coisa tão esquisita! Queria tanto não ter que assinar aquele papel... E todas as vezes em que estive diante daquela aparelhagem toda, não consegui evitar esse pensamento: "Queria tanto não estar aqui!".

Ainda não pude estar com a Áurea. Seria hoje a sessão, mas tive que cancelar por conta da ida ao hospital. Estou bem necessitada de sua ajuda para decifrar e reelaborar esses sentimentos. Tenho sentido bastante dor no braço e, por conta das idas diárias à radioterapia, estou tendo dificuldade para manter a frequência à fisioterapia. Mas... "a luta continua, companheiros!"

E, como já disse, a batalha desse dia foi longa! Saí do consultório para aguardar a chamada para a aplicação do anticorpo na sala de "químio". A recepção ainda estava lotada. Por volta das 13h15, uma das enfermeiras veio até mim, propondo que eu fosse me alimentar, pois o atendimento iria demorar pelo menos mais uma hora.

Desci, fui à cantina, tomei um cafezinho com as torradinhas light que havia levado. Tinha almoçado, às 11h, uma sopinha bem saborosa que pedi que minha mãe fizesse. Aproveitei o forçoso intervalo e fui até o setor de radioterapia, na tentativa de poder ser atendida lá. Que nada, lotação total também.

Ah, meu estoque de paciência! Estado terminal! Tinha que reabastecê-lo com extrema urgência. Lembrei-me do meu refúgio: a capela. Lugar privilegiado de encontro com meu

Salvador. Conversa íntima, precedida de choro profundo, isento de ressalvas, apurador da alma. Aos pés da Mãe da Providência, o pedido: "Providencia-me a sua paciência, mãezinha!".

Mais uma vez a constatação: Deus me ama e cuida de mim.

A Maria Eunice que retornou ao terceiro andar já era outra: refeita e "blindada". O desconforto da espera não iria me atingir. Percebi que esse era um dia atípico. Havia muitas aplicações demoradas (em média de quatro horas cada!), mas, em sua grande maioria, as pessoas estavam calmas, "pacientes".

Enfim, incluí-me no grupo. Conversei. Esperei. Quando chegou a minha vez, já eram 15h30. Encerrei às 16h40. Bem próximo do meu horário agendado na radioterapia, que era às 16h50.

Desci rápido para não correr o risco (que ironia) de me atrasar. Um detalhe que já ia me esquecendo: todas essas idas e vindas fiz pela escada. Nem olhei para o elevador. Bingo!

Fiquei contente ao chegar à sala de espera e ver que só havia uma pessoa esperando. Porém, não era bem assim...

Além daquela pessoa, ainda tinha um novato (no primeiro dia de sessão é tudo bem demorado, vários protocolos são seguidos). E mais um paciente recém-chegado de maca. Resumindo: mais uma hora de espera, que suportei muito bem, sim, porque estava "blindada", lembra?

Sentia uma energia muito boa dentro de mim, que me sustentava. Na volta para Lorena, fui contando a meu marido as novidades do tratamento e tudo o mais que tinha acontecido. Ele acolheu com delicadeza todas as informações, mostrou-se bem sensível a tudo, deu-me os parabéns e a certeza de me ajudar.

É notório o quanto estamos progredindo na melhora de nosso relacionamento. Verbalizei minha alegria e contentamento por conta dessa sua atitude. Foi ótimo!

Fomos buscar nossa filha no balé. Depois, recebi em casa, com toda alegria e disposição, minha comadre e amiga Carla e seus filhos. Na véspera, tinha sido aniversário do Murilo, meu afilhado querido, e não pude estar com ele. Gostei muito de recebê-lo.

Ao me recolher para deitar, fiz uma agradável constatação: estou crescendo para dentro, investindo no que é essencial na minha vida, tendo a humildade de me curvar na hora da tempestade, assim como o bambu.

É inverno em mim, de fato. Mas é a graça de Deus que abastece minhas raízes.

11
"ESPERANÇAR"

> "Esperançar é se levantar, esperançar é ir atrás, esperançar é construir, esperançar é não desistir! Esperançar é levar adiante, esperançar é juntar-se com outros para fazer de outro modo."
> (Mario Sergio Cortella)

Quem nunca conjugou esse verbo, se tiver um câncer, será "convidado" a conjugá-lo. Ou isso ou o fim! Porque o câncer puxa para baixo, o câncer destrói, o câncer mina suas forças, o câncer o isola de tudo e de todos. Se você deixar, é claro!

Ainda mais nessa época de "prostração como hábito", como denuncia Cortella. Urge, então, viajarmos até os recônditos mais longínquos de nosso ser, onde estiver alojada a coragem. Dar-lhe ouvidos e puxá-la pela mão. Porque o furacão avança e ela precisa estar a postos, aguerrida. Positiva e operante!

Assim como não existe plástica que devolva o brilho a um olhar opaco, também não há tratamento que devolva a vida a quem não quer viver. É – mesmo – questão de escolha. Viver muito ou viver pouco, mas viver bem. Querendo viver e não simplesmente passando pela vida.

Nesta minha incursão pelo câncer, tenho-me deparado com inúmeras pessoas como eu. Algumas me remetem àquele pensamento que há pouco descobri não ser de Luiz Fernando Veríssimo, e sim de Sarah Westphal, uma brasileirinha muito inspirada lá de Santa Catarina. O próprio Veríssimo comenta em sua coluna n'*O Globo* de 31/3/2005: "Apareceu a autora do 'Quase', o texto que rola na internet atribuído a mim e que eu, relutantemente, tenho que repetir que não é meu. Ela se chama Sarah Westphal Batista da Silva, tem 21 anos, é de Florianópolis, escreveu o texto 'inspirada por um menino que não me namorou, mas quase...', mandou o texto por e-mail para várias amigas, e dois anos depois teve a surpresa de vê-lo impresso com a minha assinatura. A Sarah está no quarto semestre de Medicina, mas sonha em largar a faculdade e começar a escrever. Olha aí, editores. Ela nem começou e já foi traduzida na França".

Voltemos ao dito pensamento: "Embora quem quase morre ainda esteja vivo, quem quase vive, já morreu". Mas também tem aquelas pessoas que me lembram a ostra feliz de Rubem Alves, produzindo pérolas porque "provocada" pela areia incômoda.

Em minhas orações diárias, peço sempre ao bom Deus que olhe por todos nós: os que são mais fortes do que eu, os mais fracos, os menos favorecidos de elementos para metamorfosear o sofrimento e conjugar o verbo "esperançar".

Que aprendamos a nos fixar na esperança, porque ela passeia por nós. Quem, ao receber o diagnóstico dessa enfermidade, ainda muitas vezes sem cura, não achou que ela havia desaparecido? Porém, por outro lado, quem não teve a certeza de que a esperança tinha voltado, ao se deparar com tantos recursos avançados da Medicina atual?

Lembro-me agora do comentário feito por um paciente, colega de radioterapia. Ele disse algo mais ou menos assim: "A ideia que as pessoas têm sobre o câncer ainda é antiga, pavorosa. Mas os recursos existentes hoje são muito modernos e eficazes!".

Concordo plenamente com você, caro colega. Nenhum de nós vai virar cadáver antes da hora. Se pensarmos que, por exemplo, no século XIX só 4% das mulheres sobreviviam três anos após cirurgia de câncer de mama... Hoje ele está entre os carcinomas mais tratáveis e passíveis de cura. Isso sem falar em nanotecnologia, biotecnologia e afins.

O que antes era plausível apenas na ficção científica, hoje já se apresenta como real, cada dia mais próximo de todos nós.

Imagine em seu corpo um exército de robôs minúsculos para atacar células cancerígenas, destruir vírus e bactérias, inserir medicamentos em locais específicos, detectar múltiplas doenças tanto no feto como em crianças e adultos, desobstruir artérias, realizar cirurgias e obter cristais líquidos capazes de transformar células-tronco em tecidos. Isso é a nanomedicina, uma aposta da ciência para diagnósticos e tratamentos de doenças dentro de 5 a 20 anos. Consiste na habilidade de manipular a matéria na escala atômica para criar estruturas com uma organização molecular diferenciada. Um bilionésimo de metro chama-se nanômetro, da mesma forma que um milésimo de metro chama-se milímetro. "Nano" é um prefixo que vem do grego e significa "anão". Imagine uma praia de 500 quilômetros. As dimensões de um grão de areia estão para o comprimento dessa praia como o nanômetro está para o metro.

> "Equipe desenvolve composto que bloqueia sinalização de proteína envolvida no câncer."
> "Nanossensor monitora células isoladamente em tempo real."
> "Comunicação entre nanopartículas aumenta eficácia de terapia contra o câncer."

Em um único dia recebi – via Twitter – essas três esperançosas notícias. Pequeno exemplo corroborador de motivos para levantarmos, irmos atrás, construirmos e não desistirmos.

Minha fé me conta (e Padre Fábio de Melo, ou Gabriel Chalita, um dos dois em suas *Cartas entre amigos* – me ajudou a lembrar) que vim de um povo predestinado a cultivar a esperança. Nasci para êxodos constantes, diz minha alma israelita, que vai descobrindo a cada dia o sentido de estar viva.

Quando a gente se descobre com câncer, passa a dar um valor extraordinário a cada minuto da vida e, inevitavelmente mais reflexivo, descobre-se na obrigação de fazer mais um êxodo. Deixar a doença para trás é premência imperativa da correção de rota que se apresenta necessária.

"Eu vou sair dessa!", repito todo dia com tanta força e frequência que parece um mantra, num esforço obstinado de quem – como me disse o Padre Rodrigo outro dia – tem genética guerreira.

E o bom Deus, através da sua Palavra, que é Vida, me ensina a cultivar a esperança: "Nós nos gloriamos também nas tribulações, sabendo que a tribulação produz a perseverança, a perseverança produz a fidelidade comprovada, e a fidelidade comprovada produz a esperança. E a esperança não decepciona, pois o amor de Deus foi derramado em nossos corações pelo Espírito Santo que nos foi dado" (Rm 5,3-5). E quem tem essa esperança vive diversamente.

Ocupantes de um mundo, por natureza, imperfeito, precisamos nos apoiar nas promessas divinas que nos encorajam e orientam nosso agir, tanto nos bons quanto nos maus momentos, instrui o Papa Emérito Bento XVI, em sua encíclica *Salvos pela esperança*. E complementa: "A esperança em sentido cristão é sempre esperança também para os outros. E é esperança ativa também no sentido de mantermos o mundo aberto a Deus".

Por isso, desde sempre quis "esperançar".

Encarei o furacão de frente, porque, no fundo, pressentia que algo de positivo podia despontar. Aceitei o desafio. Disse sim àquela realidade, percebida num primeiro momento como negativa.

Mas avisei para mim mesma que iria transmutá-la, porque estava fixa na perspectiva da esperança. Naquela verdadeira, que não decepciona. Porque já sabia que não era fugindo da dor que a cura viria, mas aceitando a tribulação, nela amadurecendo, encontrando o seu sentido através da união com Jesus. "A nossa esperança tem fundamento real, apoia-se num acontecimento que se coloca na história e, ao mesmo tempo, excede-a: é Jesus de Nazaré", ressalta o sucessor de Pedro.

Tendo Maria como grande modelo de esperança, prossigo na minha "arrumação". Ela que, mesmo com toda a escuridão da Sexta-feira Santa, caminhou esperançosa para a manhã de Páscoa, nos ajudará sempre em nossa travessia, sejam quais forem os furacões a nos sacudir.

POSFÁCIO

O que vem agora são informações técnicas.
É a palavra do oncologista que cuidou (e ainda cuida) de mim, Dr. Oziris, ao qual antecipo agradecimentos pela disponibilidade de prestar este serviço de utilidade pública.

Sobre Maria Eunice Rodrigues de Assis – o ponto de vista do médico

Conheci a paciente Maria Eunice no dia 24/09/2010. Sua idade era de 40 anos. Em consulta ginecológica teve detectado nódulo na mama esquerda. Necessitou complementar o exame físico, que identificava nódulo palpável em área central da mama esquerda, com exames radiológicos.

Tanto a mamografia quanto a ultrassonografia identificaram lesão nodular de limites imprecisos (variação da medida dependente do método entre 18 mm de medida máxima no ultrassom a 37 mm na mamografia).

Complementação com ressonância magnética para melhor definição da ressecabilidade inicial e do acometimento ou não dos linfonodos axilares concluiu por lesão de maior medida com 25 mm e com linfonodos axilares aparentemente não comprometidos.

Devido à localização central do tumor, isto é, retroareolar, a cirurgiã oncológica que conduzia o caso até o momento achou por bem propor tratamento oncológico pré-operatório (neoadjuvante) para aumentar a possibilidade de a paciente receber mastectomia conservadora (sem ressecar totalmente a mama acometida).

Dessa forma, recebeu seis ciclos de quimioterapia, com protocolo de tratamento que consistia das medicações: 5-Fluorouracil, Ciclofosfamida e Doxorrubicina. Com a medicação usual de suporte, Maria Eunice tolerou as sessões de quimioterapia, em minha opinião, de forma bastante aceitável, ressaltando-se, entretanto, a intensa adinamia (falta de disposição) nos dias seguintes ao tratamento, a intensa dor no couro cabeludo que antecedeu a queda do cabelo e náuseas referidas como leves pela paciente.

Conseguiu manter excelente estado geral durante todo o tempo e, interessantemente, já na consulta que precedeu o último ciclo de tratamento, nenhuma lesão mamária foi percebida ao examiná-la.

Este dado do exame físico mostrou-se extremamente animador porque indicava a possibilidade do total desaparecimento do tumor, confirmado pela nova ressonância nuclear magnética solicitada, que somente evidenciou área nodular retroareolar esquerda de 11 mm.

Durante o tratamento pré-operatório, recebemos informação obtida através do exame imuno-histoquímico da amostra do tumor biopsiado na paciente, revelando que o carcinoma de células dos ductos mamários pouco diferenciado, encontrado na mama da paciente Maria Eunice, apresentava positividade para oncoproteína C-erb-B2, escore 3+ (três cruzes) e não apresentava receptores tanto para o estrogênio quanto para a progesterona. Esses dados, embora técnicos, determinam a estratégia do tratamento a seguir, daí sua relevância neste relato.

No dia 16/03/2011, a paciente submeteu-se à retirada parcial da mama esquerda e de nove nódulos linfáticos da região axilar esquerda.

Comprovando a impressão de excelente resposta ao tratamento, o exame minucioso do tecido mamário e dos linfonodos axilares não detectou a presença do carcinoma invasivo da mama esquerda da paciente. Foi detectada apenas a presença de outro foco de neoplasia, sendo que dessa feita tratava-se de neoplasia da mama de 5 mm com característica não invasiva. Confirmando tratar-se de outro tumor na mesma mama, as características intrínsecas das células do tumor não invasivo apresentavam positividade para presença de receptores hormonais e negatividade para o C-erb B2 na superfície celular.

Desde a recuperação pós-operatória iniciou-se o tratamento adjuvante, isto é, com o objetivo de ajudar a cirurgia a curar a paciente.

Como havia dois tipos distintos de tumores, a paciente passou a receber, então, dois tipos de tratamento concomitantes.

O primeiro, com a droga Trastuzumabe, durante dezoito sessões a cada três semanas, com foco no tumor invasivo. O segundo, com Tamoxifeno, com o objetivo de diminuir a possibilidade de aparecerem outros tumores nas mamas.

Como o cirurgião não realizou a retirada total da mama esquerda da paciente, o tratamento cirúrgico foi complementado com radioterapia sobre a mama esquerda residual.

Para finalizar o relato, do ponto de vista médico, do que se passou com a paciente Maria Eunice, gostaria de mencionar as características associadas ao diagnóstico do câncer de mama em mulheres jovens.

Nesses casos, o principal exame empregado a fim de detectar precocemente o tumor, a mamografia, infelizmente se mostra ineficiente, já que a maior densidade das glândulas mamárias nestes casos não permite contraste com os tumores, geralmente de estruturas igualmente densas.

Como a realização universal de ultrassonografias ou ressonâncias magnéticas na população em geral não é recomendada, chamo a atenção para o fundamental papel do ginecologista em alertar as mulheres para a possibilidade do diagnóstico e em proceder, de rotina, o exame clínico das mamas e axilas nas consultas periódicas.

Oziris R. S. Barrozo Jr.
Oncologia clínica

Considerações finais

O laço rosa da capa deste livro, que aqui representa o interior do corpo humano, a nossa "casa", faz referência ao *Outubro Rosa* – movimento internacional de luta contra o câncer de mama.

É mais um lembrete para que todos – mulheres e homens (porque o câncer de mama não é "privilégio" feminino!) – fiquem atentos ao próprio corpo, conforme orientação do Instituto Nacional do Câncer, segundo o qual o autoexame das mamas deveria fazer parte das ações de educação para a saúde que contemplem o conhecimento do próprio corpo.

Ao longo da vida nosso organismo passa por tantas mudanças! Daí a importância de consultas periódicas com exames regulares, aliadas a constante aprofundamento do "conhecer-se", interna e externamente. Ou seja, caro leitor, conhecer a casa para arrumá-la, certo de que toda luta pode ser vencida com otimismo, força de vontade e fé!

Impresso na gráfica da
Pia Sociedade Filhas de São Paulo
Via Raposo Tavares, km 19,145
05577-300 - São Paulo, SP - Brasil - 2015